DAILY 20日間

英検 準2級 集中ゼミ

[改訂新版]

The EIKEN Test in Practical English Proficiency | 一次試験対策

Obunsha

英検とは

　文部科学省後援　実用英語技能検定（通称：英検）は、1963年に第1回試験が実施されて以来、社会教育的な役割という発足当初からの目的と日本社会の国際化が進展するに伴い、英語の四技能「読む・聞く・話す・書く」を総合的に測定する全国規模の試験としてその社会的評価はますます高まっております。

　2003年3月、文部科学省が発表した『『英語が使える日本人』育成の行動計画』の中では、中学卒業段階での英語力を英検3級程度、高校卒業段階で準2級から2級程度を目標とすると明言しており、指導する英語教師も準1級程度の英語力を要すると謳っております。

　このように英検の資格はいつの時代も日本人の英語力を測るスケールとして活用されており、大学入試や高校入試での優遇や英語科目の単位として認定する学校が年々増えております。

　また、海外においても英検資格が認知され始め、現在、アメリカやオーストラリアなど多くの大学で留学要件として認められております。

　受験者の皆さんは自己の英語能力の評価基準として、また国際化時代を生きる"国際人"たり得る資格として、さらには生涯学習の目標として大いに英検にチャレンジしてください。

試験概要

(1) **実施機関**　試験を実施しているのは、(財)日本英語検定協会です。ホームページ http://www.eiken.or.jp/ では、試験に関する情報・優遇校一覧などを公開しています。

(2) **試験日程**　試験は年3回行われます（二次試験は3級以上）。
　　第1回検定：一次試験 — 6月／二次試験 — 7月
　　第2回検定：一次試験 — 10月／二次試験 — 11月
　　第3回検定：一次試験 — 1月／二次試験 — 2月

(3) **受験資格**　特に制限はありません。
　　※目や耳・肢体等が不自由な方には特別措置を講じますので、協会までお問合せください。

(4) **申込方法**
　①個人申込
　・英検特約書店（受付期間中に英検のポスターを掲示しています）での申込…書店店頭で検定料を払い込み、「書店払込証書」と「願書」を協会へ郵送する。
　・インターネットでの申込…英検ホームページ（http://www.eiken.or.jp/）から申し込む。
　・携帯電話での申込（http://www.eiken.or.jp/i）
　・コンビニエンスストアでの申込…詳しくは英検のホームページをご覧ください。
　②団体申込　「本会場受験」「準会場受験」「中学・高校特別準会場受験」があります。受験者は各団体の責任者の指示に従ってください。
　☆お問い合わせ先　〒162-8055　東京都新宿区横寺町55
　　　　　　　　　　財団法人 日本英語検定協会　英検サービスセンター　Tel. 03-3266-8311

(5) **一次試験免除について**　1～3級の一次試験に合格し、二次試験を棄権または不合格になった人は出願時に申請をすれば、一次試験を1年間免除され、二次試験から受験することができます。（通常の受験者同様、申込受付期間内に受験手続きをしてください。検定料も同額です）

はじめに

英検合格へ，第1のハードル ── 一次試験

　私たち編集部では「英検準2級の合格点は何点ですか」という質問を受けることがあります。(財) 日本英語検定協会はこの合格点 [合格ライン] を「満点の60%前後」としています。これは，一般的に考えると必ずしも高いハードルではありません。

　しかし一方で英検準2級の合格率を見てみると，二次試験の合格率が85%前後であるのに対して，一次試験の合格率は45%前後と低い結果になっています。一次試験通過が難しいと感じられる理由は，ここにあると考えられます。

　では，どうすれば一次試験を通過できるのでしょうか。それは，基礎力をきちんとつけるということに尽きます。基礎ができていなければ，応用問題などとうてい解くことはできません。

2段階のプログラムで基礎 ➡ 応用のステップアップを

　本書は前半のTerm 1が基礎編，後半のTerm 2が応用編という構成になっています。中間の「レビューテスト」でTerm 1の内容を確認し，Term 2に進みましょう。そして最終日の「実力完成模擬テスト」で最後の仕上げをしましょう。わからなかった問題は必ず復習し，確実に身につけていきましょう。そうすることで，みなさんの英語力は着実に伸びていくはずです。

　終わりに，本書を刊行するにあたって，多大なご尽力をいただきました桐朋中学・高等学校 秋山安弘先生に深く感謝の意を表します。

もくじ

はじめに
本書の利用法 …………………………………………… 4
学習スケジュール ……………………………………… 6
英検準2級一次試験の出題形式 ……………………… 8
付属CDについて ……………………………………… 12

Term 1　基礎編

第1日　筆記1　短文の語句空所補充（単語①） ……………………… 14
第2日　筆記1　短文の語句空所補充（熟語①） ……………………… 20
第3日　筆記1　短文の語句空所補充（文法①） ……………………… 26
第4日　筆記2　会話文の文空所補充① ………………………………… 32
第5日　筆記3　短文中の語句整序① …………………………………… 38
第6日　筆記4　長文の語句空所補充① ………………………………… 44
第7日　筆記5　長文の内容一致選択① ………………………………… 50
第8日　リスニング 第1部・第2部
　　　　　　会話の応答文選択／会話の内容一致選択① ……………… 62
第9日　リスニング 第3部　文の内容一致選択① ……………………… 72
第10日　レビューテスト〈第1日〜第9日までのまとめ〉……………… 84

自己診断チャート ……………………………………………… 112
問題別アドバイス ……………………………………………… 113

Term 2 応用編

第11日	筆記1	短文の語句空所補充(単語②)	116
第12日	筆記1	短文の語句空所補充(熟語②)	122
第13日	筆記1	短文の語句空所補充(文法②)	128
第14日	筆記2	会話文の文空所補充②	134
第15日	筆記3	短文中の語句整序②	140
第16日	筆記4	長文の語句空所補充②	146
第17日	筆記5	長文の内容一致選択②	154
第18日	リスニング 第2部	会話の内容一致選択②	166
第19日	リスニング 第3部	文の内容一致選択②	174
第20日	実力完成模擬テスト		184

二次試験・面接の流れ 228
レビューテスト解答用紙 231
実力完成模擬テスト解答用紙 232

編　集：岩村明子　　編集協力：(株)カルチャー・プロ，篠原啓子　　問題作成協力：(株)ロジック
装　丁：林慎一郎(及川真咲デザイン事務所)　　本文デザイン：三浦悟(Trap)
録　音：(有)スタジオ ユニバーサル　　本文イラスト：勝部浩明

本書の利用法

本書は，英検準2級の一次試験に合格するために必要な力を20日間で計画的に養成できるように構成されています。

1 Term 1 （第1日～第9日）

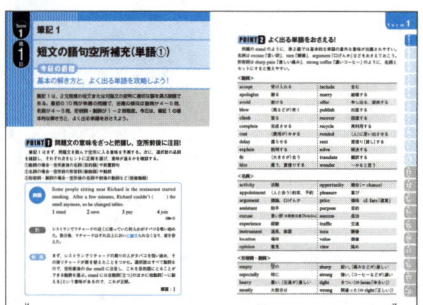

英検準2級の問題を解くために必要な知識を，基礎から解説していきます。それを踏まえて実戦形式の練習問題（Practice）を解いて練習をしましょう。

※例題の (08-1) という表示は2008年度第1回検定に出題されたことを表します。

2 レビューテスト （第10日）

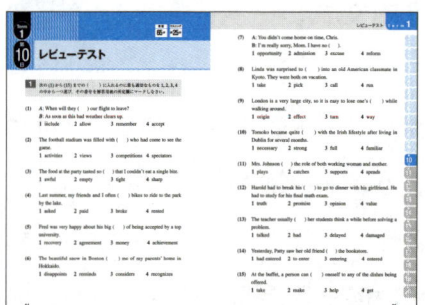

第1日～第9日で学習した内容を復習するテストです。問題形式は英検準2級の一次試験とまったく同じですが，問題数は実際より少なくなっています。p.231に解答用のマークシートがあります。

3 自己診断チャート・問題別アドバイス

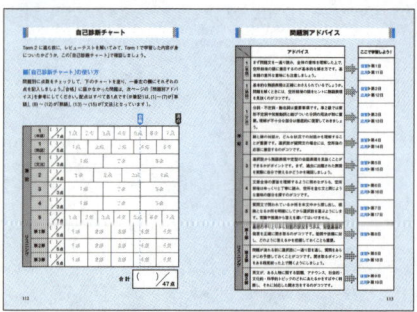

レビューテストの答え合わせが終わったら，このページで確認します。ここでは，問題形式ごとの得点を確認することによって，自分の理解度と弱点を把握することができます。間違えてしまった問題については「問題別アドバイス」を参考にしましょう。

④ Term 2 （第11日～第19日）

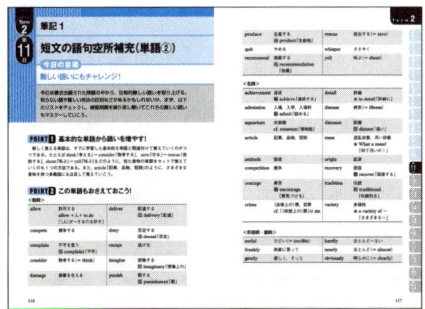

Term 2は，Term 1でつけた基礎力をさらに伸ばすための内容になっています。応用力をつけて練習問題（Practice）を解き，実力を確かなものにしましょう。

⑤ 実力完成模擬テスト （第20日）

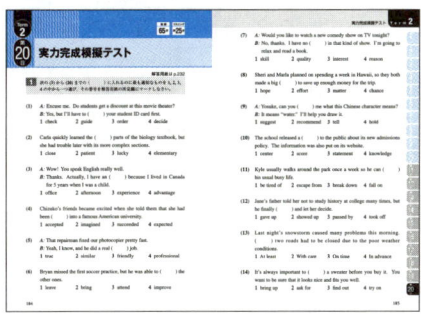

総まとめのテストです。問題形式・問題数とも実際の英検準2級の一次試験とまったく同じなので，時間を計りながら解いてみましょう。p.232に解答用のマークシートがあります。

以上，5つのステップで構成される20日間を通して，あなたの実力は確実に伸びていくはずです。わからないところや間違えてしまった問題があったら，もう一度やってみましょう。そうすれば英検準2級の一次試験に合格できる実力がついていくはずです。

一次試験に合格したら…
p.228～229に「二次試験・面接の流れ」を収録しています。このページを参考にしてください。

学習スケジュール

　下の表を使って学習スケジュールを立てましょう。「学習予定日」の欄には一次試験までに学習が終えられるように学習予定日を記入しましょう。「学習日」の欄には，実際に学習をした日を記入しましょう。「メモ」の欄は，Practiceの結果や，学習して気になった点などをメモするときに使ってください。

Term 1 基礎編

	学習予定日	学習日	メモ
第1日	／（　）	／（　）	
第2日	／（　）	／（　）	
第3日	／（　）	／（　）	
第4日	／（　）	／（　）	
第5日	／（　）	／（　）	
第6日	／（　）	／（　）	
第7日	／（　）	／（　）	
第8日	／（　）	／（　）	
第9日	／（　）	／（　）	
第10日	／（　）	／（　）	

Term 2 応用編

	学習予定日	学習日	メモ
第11日	／（　）	／（　）	

Study schedule

第12日	／（　）	／（　）	--------------------
第13日	／（　）	／（　）	--------------------
第14日	／（　）	／（　）	--------------------
第15日	／（　）	／（　）	--------------------
第16日	／（　）	／（　）	--------------------
第17日	／（　）	／（　）	--------------------
第18日	／（　）	／（　）	--------------------
第19日	／（　）	／（　）	--------------------
第20日	／（　）	／（　）	--------------------

英検準２級一次試験実施日	／	（　）

▶ 以下の本を使って合格をさらに確実なものにしよう！

過去問を解きたい人は…
　『英検準２級全問題集』　●定価1,260円
　『英検準２級全問題集CD』　●定価998円, CD3枚付
　『英検準２級短期完成３回過去問集』　●定価1,260円

基礎をもう一度確認したい人は…
　『英検準２級教本』　●定価1,470円, CD1枚付

語い力をアップさせたい人は…
　『英検Pass単熟語準２級』　●定価1,155円, CD別売
　『英検文で覚える単熟語準２級』　●定価1,260円, CD別売

試験１週間前に模擬試験を解きたい人は…
　『英検準２級予想問題ドリル』　●定価1,197円, CD1枚付

英検準2級一次試験の出題形式

　本書で学習をする前に、英検準2級一次試験（筆記とリスニング）の出題形式と特徴を知っておきましょう。これらを知ることが準2級合格への第一歩です。

英検準2級について

●準2級では、「日常生活に必要な英語を理解し、また使用できること」が求められます。入試優遇や単位認定など、取得後は幅広く適用され、さらにセンター試験対策としても活用できます。
●目安としては「高校中級程度」で、約3,600語レベルです。

審査基準

読む	日常生活の話題に関する文章を理解することができる。
聞く	日常生活の話題に関する内容を理解することができる。
話す	日常生活の話題についてやりとりすることができる。
書く	日常生活の話題について書くことができる。

筆記 (65分)

　筆記試験は筆記1「短文の語句空所補充」(20問)、筆記2「会話文の文空所補充」(8問)、筆記3「短文中の語句整序」(5問)、筆記4「長文の語句空所補充」([A],[B]合わせて5問)、筆記5「長文の内容一致選択」([A],[B]合わせて7問)の5つの問題で構成されています。

筆記1 短文の語句空所補充

全20問。1〜2文からなる短い文章、もしくはAとBとの1往復の会話の一部が空所になっており、そこに当てはまる単語もしくは熟語を4つの選択肢から選びます。形式は20問すべて同じですが、問われる内容は3つに分かれており、毎回ほぼ単語10問、熟語7問、文法3問の内訳で構成されています。

英検準2級本試験問題より

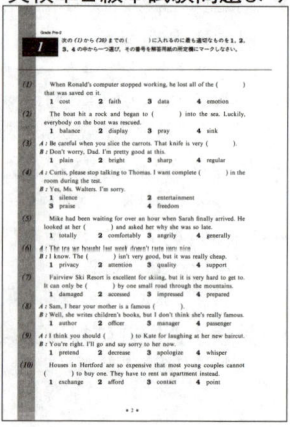

筆記 2 会話文の文空所補充

全8問。AとBとの2往復の会話（A-B-A-B）が4つ，AとBとの4往復の会話（A-B-A-B-A-B-A-B）が2つ出題されます。会話の流れが自然なものとなるように，空所の中に入れるのにふさわしい問いかけの文や応答の文を，4つの選択肢から選びます。空所は短い方の会話文に1つ，長い方の会話文に2つです。

筆記 3 短文中の語句整序

全5問。1〜2文からなる短い文章，もしくはAとBとの1往復の会話の一部が空所になっており，そこに入るべき語が5つの選択肢に分けられてばらばらになっています（1つの選択肢につき1語とは限りません）。これらを正しい順番に並べ替えて，2番目と4番目にくるものを解答します。正しい文を作る能力が問われる問題です。

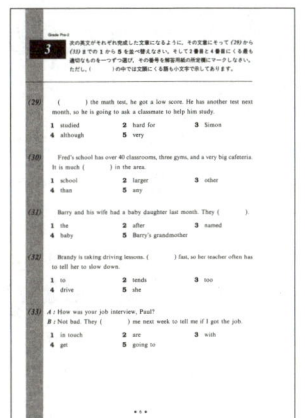

筆記 4 長文の語句空所補充

[A]，[B] の2つの長文に，それぞれ2問，3問の空所補充問題があります。[A] はある人物に関する文章，[B] は科学的，もしくは社会的記事です。選択肢は同じ品詞でそろえられており，文章・文脈を理解できるかが最大のポイントです。

筆記5 長文の内容一致選択

[A], [B]の2つの長文に，それぞれ3問，4問の内容に関する問題が出題されます。読解力を問う問題ですが，[A]はEメール，[B]は科学的，もしくは社会的記事なので，特にそのような内容の文章を語いも含めてしっかり理解できるかが問われます。

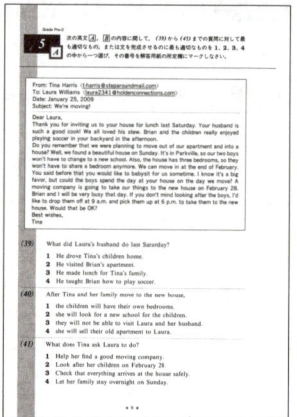

リスニング（約25分）

第1部10問，第2部10問，第3部10問の計30問です。いずれもリスニングテスト共通の項目，すなわち英語の発音が聞き取れるか，準2級レベルの難易度・速度の放送文を的確に理解できるかが問われます。それぞれの具体的な形式と，主に問われる内容は次の通りです。

リスニング 第1部 会話の応答文選択

放送文はAとBの2人の会話で，A-B-Aに続くBの応答を3つの選択肢から1つ選びます。選択肢は問題冊子に印刷されておらず，会話と選択肢は一度だけ読まれます。

リスニング 第2部 会話の内容一致選択

放送文はAとBの2人の会話で，通常2往復（A-B-A-B）です。最後に質問が読まれ，その答えを問題冊子に印刷されている4つの選択肢から選びます。会話と質問は一度しか読まれません。会話表現を理解しているか，会話の流れを把握できるかが問われます。

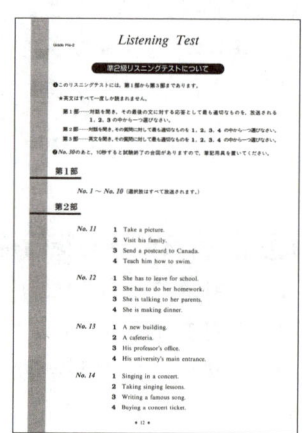

リスニング 第3部 文の内容一致選択

放送文は50語程度の英文です。最後に質問が読まれ，その答えを問題冊子に印刷されている4つの選択肢から選ぶ点，そして英文と質問は一度しか読まれない点は第2部と同じです。ある人物に関する話題，アナウンス，社会的・文化的・科学的トピックなどが出題されます。それぞれを聞いて話の流れ・内容が理解できるかが問われます。

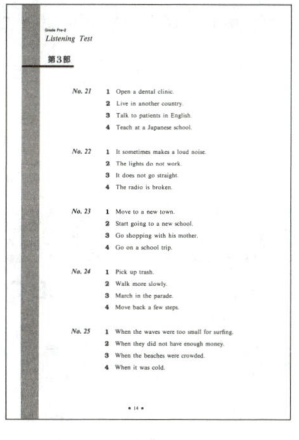

付属CDについて

付属CDの収録か所は，本文では ⊙CD2 のように示してあります。収録内容とトラック番号は以下のとおりです（CD収録時間は約63分です）。

トラック番号	収録内容
CD 1	CDの説明
CD 2 ~ 3	第8日 リスニング 第1部・第2部 例題1〜2
CD 4 ~ 13	第8日 リスニング 第1部・第2部 Practice（10問）
CD 14 ~ 16	第9日 リスニング 第3部 例題1〜3
CD 17 ~ 26	第9日 リスニング 第3部 Practice（10問）
CD 27 ~ 32	第10日 レビューテスト リスニング第1部（5問）
CD 33 ~ 38	第10日 レビューテスト リスニング第2部（5問）
CD 39 ~ 44	第10日 レビューテスト リスニング第3部（5問）
CD 45	第18日 リスニング 第2部 例題
CD 46 ~ 53	第18日 リスニング 第2部 Practice（8問）
CD 54 ~ 55	第19日 リスニング 第3部 例題1〜2
CD 56 ~ 65	第19日 リスニング 第3部 Practice（10問）
CD 66 ~ 76	第20日 実力完成模擬テスト リスニング第1部（10問）
CD 77 ~ 87	第20日 実力完成模擬テスト リスニング第2部（10問）
CD 88 ~ 98	第20日 実力完成模擬テスト リスニング第3部（10問）

Term 1

基礎編

基礎編にあたる前半10日間では，英検準2級の一次試験の問題形式を正確に把握し，基本事項の確認をすることを目標にします。1日ずつ確実にこなし，10日目のレビューテストで身についているかどうかを確認しましょう。

Term 1 第1日 筆記1

短文の語句空所補充（単語①）

今日の目標
基本的な解き方と，よく出る単語を攻略しよう！

筆記1は，2文程度の短文または対話文の空所に適切な語を選ぶ問題である。最初の10問が単語の問題で，出題の傾向は動詞が4～5問，名詞が4～5問，形容詞・副詞が1～2問程度。今日は，筆記1の基本的な解き方と，よく出る単語をおさえよう。

POINT 1　問題文の意味をざっと把握し，空所前後に注目！

筆記1はまず，問題文を読んで空所に入る意味を予測する。次に，選択肢の品詞を確認し，それぞれ次をヒントに正解を選び，意味が通るかを確認する。
①動詞の場合…空所直後の名詞（目的語）や前置詞句
②名詞の場合…空所前の形容詞（修飾語）や動詞
③形容詞・副詞の場合…空所後の名詞や前後の動詞など（被修飾語）

例題

Some people sitting near Richard in the restaurant started smoking. After a few minutes, Richard couldn't (　　) the smell anymore, so he changed tables.

1 stand　　**2** save　　**3** pay　　**4** join

(08-1)

訳　レストランでリチャードの近くに座っていた何人かがタバコを吸い始めた。数分後，リチャードはそれ以上においに耐えられなくなり，席を替えた。

解説　まず，レストランでリチャードの周りの人がタバコを吸い始め，その後リチャードが席を替えたことをつかむ。選択肢はすべて動詞なので，空所直後の the smell に注目し，これを目的語にとることができる動詞を選ぶ。stand には自動詞「立つ」のほかに他動詞「～に耐える」という意味があるので，これが正解。

解答：1

POINT 2 よく出る単語をおさえる!

　例題の stand のように，準2級では基本的な単語の意外な意味が出題されやすい。名詞は excuse「言い訳」，turn「順番」，argument「口げんか」などをおさえておこう。形容詞は sharp pain「激しい痛み」，strong coffee「濃いコーヒー」のように，名詞とセットにすると覚えやすい。

＜動詞＞

accept	受け入れる	include	含む
apologize	謝る	marry	結婚する
avoid	避ける	offer	申し出る，提供する
blow	(風などが)吹く	publish	出版する
climb	登る	recover	回復する
complete	完成させる	recycle	再利用する
cost	(費用が)かかる	remind	(人)に思い出させる
delay	遅らせる	rent	賃借り[賃貸し]する
explain	説明する	solve	解決する
fit	ぴったり合う	translate	翻訳する
hire	雇う，賃借りする	wonder	～かなと思う

＜名詞＞

activity	活動	opportunity	機会(= chance)
appointment	(人と会う)約束，予約	pleasure	喜び
argument	議論，口げんか	price	価格　cf. fare「運賃」
assistant	助手	purpose	目的
excuse	言い訳 ※発音注意[ɪkskjúːs]	success	成功
experience	経験	traffic	交通
instrument	道具，楽器	turn	順番
location	場所	value	価値
opinion	意見	view	眺め

＜形容詞・副詞＞

empty	空の	sharp	鋭い，(痛みなどが)激しい
especially	特に	strong	強い，(コーヒーなどが)濃い
heavy	重い，(交通が)激しい	tight	きつい(⇔ loose「ゆるい」)
mostly	大部分は	wrong	間違った(⇔ right「正しい」)

Practice　練習問題

次の (1) から (16) までの (　) に入れるのに最も適切なものを 1, 2, 3, 4 の中から一つ選びなさい。

(1) 　A: Dad, this math problem is too difficult for me.
　　　B: Shall I help you to (　　) it?
　　　1　return　　　2　solve　　　3　seek　　　4　ask

(2) 　A: How much is the guided tour of Hawaii?
　　　B: It is 700 dollars. The price (　　) a plane ticket, a hotel room, and all meals for a week.
　　　1　relates　　　2　translates　　　3　develops　　　4　includes

(3) 　I have to (　　) this book report by Monday, so I'm going to study for the whole weekend.
　　　1　support　　　2　cancel　　　3　complete　　　4　expect

(4) 　A: How much does it (　　) to have this computer fixed?
　　　B: Well, 50 dollars.
　　　1　pay　　　2　give　　　3　spend　　　4　cost

(5) 　The other day, while I was cleaning my room, I came across an old picture. It (　　) me of my old school days.
　　　1　recovers　　　2　recalls　　　3　remembers　　　4　reminds

(6) 　These shoes don't (　　) me. They are too large.
　　　1　fit　　　2　prepare　　　3　wear　　　4　make

(7) 　People (　　) cans and bottles in this area.
　　　1　reform　　　2　recycle　　　3　remain　　　4　repeat

(8) 　Will you (　　) the rules of the game to us?
　　　1　bring　　　2　invite　　　3　speak　　　4　explain

Answers　　　　　　　　　　　　　　　　解答と解説　Term 1

(1)　**A**: お父さん，この数学の問題は僕には難しすぎるよ。
　　　B: 解くのを手伝ってあげようか。

空所直後の it は this math problem を指す。solve a problem「問題を解く」の形で覚えよう。return「返す」，seek「探す」，ask「尋ねる」。　　**解答** 2

(2)　**A**: ガイド付きのハワイ旅行はいくらですか。
　　　B: 700ドルです。その価格は，航空券，ホテルの部屋，1週間のすべての食事を含んでいます。

「その価格」は「航空券，ホテルの部屋，1週間の食事」を includes「含む」が正解。relate「関連づける」，translate「翻訳する」，develop「発達させる」。　　**解答** 4

(3)　僕は月曜日までにこの読書感想文を完成させなければならないので，週末はずっと勉強するつもりだ。

so 以下の「週末はずっと勉強するつもりだ」から正解は complete「完成させる」。support「支援する，養う」，cancel「取りやめる」，expect「期待する」。　　**解答** 3

(4)　**A**: このコンピューターを修理してもらうのにどのくらい費用がかかりますか。
　　　B: そうですね，50ドルです。

＜ It ＋ cost（＋人）＋（金額）＋ to *do* ＞で，「～するのに（金額）がかかる」。pay「支払う」，give「与える」，spend「費やす」。　　**解答** 4

(5)　先日，部屋の掃除をしていたとき，偶然，古い写真を見つけた。それは，私に懐かしい学生時代を思い出させる。

＜ remind ＋（人）＋ of ～＞で「（人）に～を思い出させる」。recover「回復する」，recall「思い出す」，remember「覚えている」。　　**解答** 4

(6)　この靴は私(の足)に合わない。大きすぎる。

fit は「（サイズなどが人に）ぴったり合う」の意味。色や柄などが人に「合う」には，become や suit を用いる。prepare「準備する」，wear「着る」，make「作る」。
　　解答 1

(7)　この地域では人々はカンやビンをリサイクルする。

空所直後の「カンやビン」を目的語と考えると，正解は recycle「リサイクルする」。reform「改正する」，remain「～のままである」，repeat「繰り返す」。　　**解答** 2

(8)　そのゲームのルールを私たちに説明してくれますか。

＜ explain ＋目的語＋ to ＋（人）＞の形で「（人）に～を説明する」。bring「持って来る」，invite「招待する」，speak「話す，演説する」。　　**解答** 4

Practice 練習問題

(9) Akira (   ) a small apartment when he started to live alone in Tokyo, but it was very expensive.
    1 rented   **2** borrowed   **3** accepted   **4** offered

(10) I was shocked to know that the train (   ) went up last month again.
    1 charge   **2** money   **3** price   **4** fare

(11) Mike decided to become Professor Brown's teaching (   ) next year because he can get some financial support from it.
    1 author   **2** assistant   **3** customer   **4** citizen

(12) *A*: Oh, no. I have to go right away. I have a dental (   ) at 5 p.m.
    B: All right. See you then.
    1 promise   **2** agreement   **3** appointment   **4** experience

(13) John promised to meet Nancy at the station, but he didn't show up. His (   ) was that his train had been delayed.
    1 excuse   **2** effect   **3** truth   **4** purpose

(14) There is always (   ) traffic here at this time of the day.
    1 many   **2** full   **3** sharp   **4** heavy

(15) I don't drink (   ) coffee at night because I can't get to sleep easily.
    1 strong   **2** thin   **3** tight   **4** dark

(16) *A*: What kind of books do you like, Lucy?
    B: I read many kinds of books, but I (   ) like detective stories.
    1 quietly   **2** especially   **3** accidentally   **4** endlessly

Answers 解答と解説　Term 1

(9) アキラは東京で独り暮らしを始めたとき小さなアパートを借りたが，それはとても高かった。

「独り暮らしを始めたとき」から rented「（お金を払って）借りた」が正解。borrow「（無料で）借りる」，accept「受け入れる」，offer「提供する」。　**解答 1**

(10) 私は電車の運賃が先月また値上がりしたのを知ってショックだった。

選択肢はすべてお金に関するもの。乗り物の「運賃」には fare を用いる。charge「（サービスの）料金」，price「（商品の）価格」。　**解答 4**

(11) マイクは来年ブラウン教授の指導助手になることにした。というのは，そこから経済的な援助を少し受けることができるからだ。

teaching assistant は「指導助手，TA」で，大学などで教授の指導の手伝いをする人のこと。author「著者」，customer「顧客，買い物客」，citizen「市民」。　**解答 2**

(12) A: あっ，いけない。すぐ行かなくちゃ。午後5時に歯医者の予約があるんだ。
B: わかったよ。それじゃあ。

歯医者の「予約」には appointment「（時間・場所を決めて会う）約束」を用いる。promise「約束，誓い」，agreement「協定，合意」，experience「経験」。　**解答 3**

(13) ジョンは駅でナンシーと会う約束をしたが現れなかった。彼の言い訳は電車が遅れたということだった。

that 以下はジョンが現れなかった理由なので，空所には excuse「言い訳，弁解」が入る。effect「効果，結果」，truth「真実」，purpose「目的」。　**解答 1**

(14) ここでは1日のこの時間帯はいつも交通が激しい。

交通量の多さを表す形容詞には heavy を用いる。heavy traffic「激しい交通」の形で覚えておこう。many「多い」，full「いっぱいの」，sharp「鋭い」。　**解答 4**

(15) 寝つきが悪くなるので夜は濃いコーヒーを飲まない。

because 以下の，寝つきが悪くなる理由に注目。正解は strong「濃い」。一方，「（コーヒーが）薄い」は weak。thin「薄い」，tight「窮屈な」，dark「暗い」。　**解答 1**

(16) A: ルーシー，どんな種類の本が好きなの？
B: いろいろな種類の本を読むけれど，特に推理小説が好きね。

「いろいろな本を読むけれど，（　　）推理小説が好き」から，especially「特に」が正解。quietly「静かに」，accidentally「偶然に」，endlessly「果てしなく」。　**解答 2**

筆記 1

短文の語句空所補充（熟語①）

今日の目標

基本的な解き方と，よく出る熟語を攻略しよう！

筆記 1 の後半 10 問では，熟語の問題が 7 問程度出題される。今日は熟語問題の基本的な解き方と，過去に 2 回以上出題された熟語をおさえよう。熟語は，同意・反意表現などの関連表現もあわせて覚えていくのがコツである。

POINT 1 空所前後の動詞・前置詞に注目！

筆記 1 で出題される熟語の多くは動詞を中心としたものである。単語と同様，まず問題文の意味をざっと確認し，それから空所前後と選択肢に注目して熟語が作れそうな語を探そう。最後にその語を空所に入れて，きちんと意味が通るかを確認する。

例題

When I was cleaning out the room, I came (　　) many old pictures of my mother.

1 off　　**2** across　　**3** after　　**4** into

(07-3)

訳 部屋を掃除していたら，私は偶然母の古い写真をたくさん見つけた。

解説 「部屋を掃除していたら，写真を（　　）した」という流れをつかむ。次に，空所直前の came と，選択肢に並んでいる前置詞に注目しよう。come across ～ は「～に偶然出会う，～を偶然見つける」という意味。同じ意味の run across ～ も一緒に覚えておこう。

解答：2

POINT 2 よく出る熟語をおさえる！

過去に 2 回以上出題された熟語を「動詞を中心とした熟語」と「その他」に分けてリストにした。depend on ～ と類似表現の rely on ～ を一緒に覚えるなど，いくつかの表現を関連付けて覚えるのがコツ。

Term 1

<動詞を中心とした熟語>

be proud of ~	~を誇りに思う
break down	壊れる
call out	大声で呼ぶ
can't help *doing*	~せざるを得ない
catch up with ~	~に追いつく　cf. keep up with ~「~に遅れずについていく」
come true	実現する（= be realized）
come up with ~	~を思いつく
depend on ~	~に依存する（= rely on ~, count on ~）
get along [on] with ~	~とうまくやる
get over ~	~から立ち直る，~を克服する（= overcome）
get rid of ~	~を取り除く
go through ~	（困難，苦しみなど）を経験する
keep an eye on ~	~を見張る
pick up ~	~を車で迎えに行く
play a role [part]	役割を果たす
prefer *A* to *B*	*B* より *A* を好む（= like *A* better than *B*）
put off ~	~を延期する（= postpone）
see ~ off	~を見送る　cf. meet「~を迎える」
take a break	休憩する
take it easy	気楽に考える
take off	離陸する⇔ land「着陸する」
take place	起こる（= happen, occur）

<その他>

according to ~	~によれば	in fact	実際に（= actually）
as usual	いつもの通り	in *one's* place	~の代わりに
at least	少なくとも	on purpose	わざと
for fun	遊びで	out of order	故障して
for the first time	初めて	sooner or later	遅かれ早かれ

Practice 練習問題

次の(1)から(16)までの( )に入れるのに最も適切なものを1, 2, 3, 4の中から一つ選びなさい。

(1) *A*: Mike, will you ( ) an eye on my bag while I go and get something to drink?
B: All right, Lisa.
1 make   **2** take   **3** have   **4** keep

(2) Pat worked very hard for the test, but she failed. She can't get ( ) the shock yet.
1 back   **2** in   **3** up   **4** over

(3) My dad will probably pick me ( ) at the station because today is his day off.
1 up   **2** out   **3** away   **4** off

(4) I had been thinking about our new project for two weeks. But I couldn't ( ) up with a good idea.
1 take   **2** give   **3** come   **4** make

(5) Please ( ) yourself to some apple pie. I baked it for you, Jody.
1 help   **2** make   **3** reach   **4** take

(6) I'm worried about George. I can't ( ) wondering how he is doing.
1 take   **2** help   **3** save   **4** wait

(7) Jane was absent from school for a week, so she had to study with her teacher after school to ( ) up with her class.
1 keep   **2** catch   **3** come   **4** put

(8) We will have to ( ) off the soccer game because of the bad weather.
1 take   **2** send   **3** put   **4** throw

Answers 解答と解説 Term 1

(1) **A**: マイク，飲み物を買いに行っている間，私のかばんを見ていてくれる？
B: いいよ，リサ。

直後の an eye on から keep an eye on ～「～を見張る」を見抜くのがポイント。
解答 4

(2) パットは試験に向けて一生懸命に勉強したが，落ちてしまった。彼女はまだそのショックから立ち直ることができない。

「試験に落ちてまだ（　）できない」という内容から，get over ～「～から立ち直る，～を克服する（＝ overcome）」が正解。get back ～「～を取り戻す」。
解答 4

(3) 今日はお父さんは休みだから，きっと駅まで車で迎えに来てくれると思う。

文全体を読み，お父さんは休みなので私に何をしてくれるのかを考える。pick up ～ は「～を車で迎えに行く」という意味の重要熟語。
解答 1

(4) 新しいプロジェクトについて2週間考えてきた。しかし，良いアイディアを思いつかなかった。

「アイディアを考えたが（　）できなかった」という流れから，come up with ～「（考えなど）を思いつく」が正解。make up with ～「～と仲直りする」。
解答 3

(5) アップルパイを自由に召し上がって。ジョディー，あなたのために焼いたのよ。

help oneself (to ～) で「（食べ物などを）自由に取って食べる」という意味。問題文のように命令文で用いられることが多い。
解答 1

(6) 私はジョージのことが心配だ。彼が今どうしているかと考えてばかりいる。

can't help *doing* で「～しないではいられない，～せざるを得ない」という意味。can't help but *do* という言い方もある。
解答 2

(7) ジェーンは1週間学校を休んだので，授業に追いつくために放課後先生と勉強しなければならなかった。

catch up with ～は「～に追いつく」，keep up with ～は「～に遅れずについていく」。1週間学校を休んだジェーンに必要なのは，授業に「追いつく」こと。put up with ～「～を我慢する（＝ endure）」も重要なのでおさえておこう。
解答 2

(8) 悪天候のためにサッカーの試合を延期しなくてはならないだろう。

because of 以下に注目し，悪天候のためにサッカーの試合をどうするかを考える。put off ～「～を延期する（＝ postpone）」が正解。take off ～「～を脱ぐ」。
解答 3

Practice 練習問題

(9) **A**: Will you join our band, Mark? Whether we will succeed in the next concert or not (　　) on you.
B: Well, if you need me that much, I'll think about it.
1　happens　　2　changes　　3　depends　　4　impresses

(10) **A**: Wow! You walked up the stairs here. Why didn't you use the elevator?
B: Don't you know, Tommy? It's been (　　).
1　on sale　　2　by chance　　3　as usual　　4　out of order

(11) I'm sure she didn't do it (　　) purpose.
1　for　　2　on　　3　to　　4　at

(12) **A**: How are you (　　) along with Jimmy?
B: We are very close friends.
1　taking　　2　coming　　3　getting　　4　keeping

(13) **A**: A lot of work, huh? Why don't we (　　) a coffee break?
B: Good idea.
1　look　　2　take　　3　set　　4　watch

(14) **A**: Oliver, your novel was really exciting! How can you write so well?
B: I don't write just (　　). Writing is my job.
1　for fun　　2　by far　　3　on time　　4　at all

(15) Television (　　) an important role in election campaigns.
1　makes　　2　plays　　3　hears　　4　carries

(16) This afternoon, Cathy was asked to go shopping, but she went to piano lessons (　　) usual.
1　as　　2　in　　3　with　　4　to

24

Answers ……………………………… 解答と解説　Term 1

(9) **A**: マーク，僕たちのバンドに入ってくれない？　次のコンサートが成功するかどうかは君にかかっているんだ。
B: うーん，もし僕のことがそんなに必要なら，考えてみるよ。

Bの発言から，Aがコンサートの成功にはBが必要だと言っていると考えられる。選択肢から depend on ～「～に依存する，～次第である」が正解。　**解答 3**

(10) **A**: ええっ！　ここまで階段で登ってきたの。なぜエレベーターを使わなかったの？
B: トミー，知らないの？　エレベーターはずっと故障しているのよ。

BはAの質問に対してエレベーターに乗らなかった理由を答えている。選択肢から out of order「故障中で」が正解。on sale「売り出し中で」，by chance「偶然に」，as usual「いつもの通り」。　**解答 4**

(11) 彼女がわざとそれをしたのではないことは確かだ。

on purpose「故意に，わざと」。反対に「偶然に」は by accident [chance]。　**解答 2**

(12) **A**: ジミーとはうまくやっている？
B: 僕たちはとても親しい友人だよ。

get along [on] (with ～) で「(～と)うまくやる」という意味。　**解答 3**

(13) **A**: たくさんの仕事だね？　コーヒーを飲んでひと休みしない？
B: いいね。

空所後の a coffee break をヒントにAの提案内容を考える。take [have] a break で「休憩する」。ここでの break は「小休止」という意味。　**解答 2**

(14) **A**: オリバー，あなたの小説には本当にわくわくしたわ。どうしたらそんなにうまく書けるの？
B: 僕はただ遊びで書いているんじゃないよ。書くことは僕の仕事なんだ。

Bの「書くことは（　）ではない。仕事だ」から，「仕事」と反対の表現 for fun「遊びで」が正解。by far「(最上級を強めて)はるかに，ずっと」，on time「定刻に」，at all「(否定文で)少しも(～ない)」。　**解答 1**

(15) テレビは選挙運動において重要な役割を果たしている。

空所後の an important role に注目する。play a role [part] in ～で「～において役割を果たす」という意味。　**解答 2**

(16) 今日の午後，キャシーは買い物に誘われたが，いつも通りピアノのレッスンに行った。

直後の usual と結びついて熟語を作れるものはないかを考える。正解は as usual で「いつも通りに」。　**解答 1**

短文の語句空所補充（文法①）

Term 1 第3日

筆記1

今日の目標
準動詞（不定詞・分詞・動名詞）を攻略しよう！

筆記1の最後の3問は文法問題である。文法問題では動詞の形を問うものが多い。今日はよく出題される準動詞（不定詞・分詞・動名詞）を中心に学習しよう。準動詞は筆記4・5の読解問題でも重要である。

POINT 1 ＜動詞＋目的語＋原形不定詞＞をおさえる！

原形不定詞は動詞の原形をそのまま用い，主に知覚動詞（see, hear, feel など）や使役動詞（make, let, have）とともに用いられる。

● 知覚動詞 see [hear, feel] ＋目的語＋原形不定詞
「（目的語）が～するのを見る［聞く，感じる］」

● 使役動詞 make [let, have] ＋目的語＋原形不定詞
「（目的語）に～させる，～してもらう」

※ help も原形不定詞をとることがある。
　＜help ＋目的語＋原形不定詞＞で「（目的語）が～するのを手伝う」という意味。

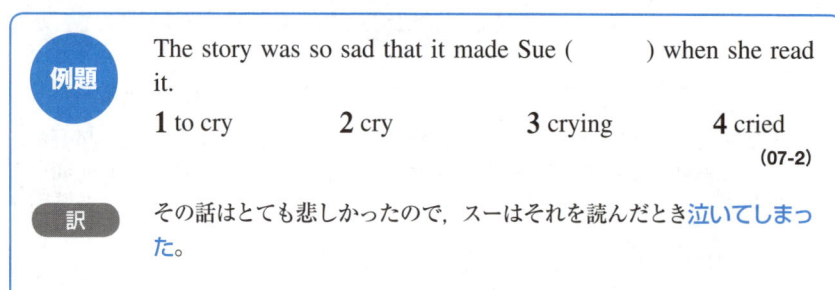

例題

The story was so sad that it made Sue (　　　) when she read it.

1 to cry　　　　**2** cry　　　　**3** crying　　　　**4** cried

(07-2)

訳 その話はとても悲しかったので，スーはそれを読んだとき泣いてしまった。

解説 空所前の made に注目し，使役動詞 make の用法が問われていると考える。it made Sue cry で「それ（＝その話）はスーを泣かせた」という意味。このように，使役動詞の文は無生物主語をとることも多い。

解答：2

POINT 2 ＜動詞＋目的語＋分詞＞をおさえる!

分詞には現在分詞（〜 ing 形）「〜している」と過去分詞「〜された」がある。

- 知覚動詞 see [hear, feel] ＋目的語＋現在分詞
「(目的語)が〜しているところを見る[聞く，感じる]」
- 知覚動詞 see [hear, feel] ＋目的語＋過去分詞
「(目的語)が〜されるのを見る[聞く，感じる]」
- have [get] ＋目的語＋過去分詞
「(目的語)を〜される，〜してもらう」

POINT 3 目的語に動名詞・to 不定詞をとる動詞を整理!

動詞の中には目的語に動名詞をとるものと不定詞をとるものがある。また，どちらをとるかによって意味が異なるものもある。以下の表で整理しておこう。

動名詞だけをとる	enjoy, finish, mind, stop, give up, avoid など		
to 不定詞だけをとる	want, hope, expect, decide, promise など		
動名詞か to 不定詞かによって意味が異なる	remember	＋動名詞	〜したことを覚えている
		＋ to 不定詞	忘れずに〜する
	forget	＋動名詞	〜したことを忘れる
		＋ to 不定詞	(うっかり)〜することを忘れる

POINT 4 慣用表現をおさえる!

筆記１の最後の３題には，慣用表現が出題されることも多い。以下のものをまずおさえておこう。

- He was too tired to finish his homework.
（彼はあまりにも疲れていて宿題を終えられなかった）
- She was not so foolish as to do so.（彼女はそうするほど愚かではなかった）
- I couldn't help laughing.（私は笑わずにはいられなかった）
- I don't feel like studying now.（私は今，勉強する気がしない）
- He was used to keeping early hours.（彼は早寝早起きに慣れていた）
- I am looking forward to hearing from you.
（私はあなたからの手紙を楽しみに待っている）
- She is busy preparing for the party.（彼女はパーティーの準備をするのに忙しい）
- It's no use asking for help.（助けを求めても無駄だ）
- Talking [Speaking] of sports, I like soccer.
（スポーツと言えば，私はサッカーが好きだ）

Practice 練習問題

次の (1) から (16) までの ( ) に入れるのに最も適切なものを 1, 2, 3, 4 の中から一つ選びなさい。

(1) *A*: Driver, could you make the car (   ) any faster?
   B: Certainly. We'll be there in 5 minutes.
   1 to go   **2** going   **3** go   **4** went

(2) I must (   ) him help me with my new project.
   1 to have   **2** having   **3** have   **4** had

(3) She thought she heard her name (   ) by someone in the crowd.
   1 called   **2** calling   **3** call   **4** have called

(4) *A*: You have kept me (   ) more than two hours!
   B: I'm sorry, Cathy. The car broke down on the way.
   1 to wait   **2** waiting   **3** waited   **4** wait

(5) I will have my brother (   ) Pochi's doghouse.
   1 painting   **2** painted   **3** to paint   **4** paint

(6) While I was walking in the forest, I saw something (   ) in front of me.
   1 to cross   **2** crossing   **3** to be crossed   **4** had crossed

(7) The children helped their father (   ) the car.
   1 wash   **2** washing   **3** washed   **4** to be washed

(8) They felt the floor of the building (   ) when something exploded nearby.
   1 shake   **2** to shake   **3** to be shaken   **4** shook

Answers

解答と解説　Term 1

(1) 　A: 運転手さん，もう少し車を速く走らせてくれませんか。
　　　B: かしこまりました。あと5分で到着します。

空所の前にある make が使役動詞であることを見抜き，＜make ＋目的語＋原形不定詞＞「(目的語)に〜させる」の文を作る。　　**解 答 3**

(2) 　彼に新しいプロジェクトを手伝ってもらわなくてはならない。

助動詞の後には動詞の原形がくるので正解は **3**。使役動詞には make, let, have があるが，make は強制，let は許可，have は依頼を表す。この文では have なので，「彼に手伝ってもらえるよう頼まなければならない」という意味。　　**解 答 3**

(3) 　彼女は人混みで誰かに自分の名前が呼ばれるのを聞いたと思った。

＜hear ＋目的語＋過去分詞＞で「(目的語)が〜されるのが聞こえる」の意味。このように，過去分詞は基本的に「〜される」という受け身の意味を表す。　　**解 答 1**

(4) 　A: あなたは私を2時間以上も待たせたままだったのよ！
　　　B: ごめんよ，キャシー。途中で車が故障しちゃったんだ。

＜keep ＋目的語＋現在分詞＞で「(目的語)を〜のままにしておく」という意味。keep (on) 〜 ing「〜し続ける」とあわせて覚えておこう。　　**解 答 2**

(5) 　ポチの犬小屋のペンキ塗りを弟にさせるつもりだ。

＜have ＋目的語＋原形不定詞＞で「(目的語)に〜させる，〜してもらう」の意味。＜have ＋目的語＋過去分詞＞「(目的語)を〜してもらう」を用いて，I'm going to have Pochi's doghouse painted by my brother. と表すこともできる。　　**解 答 4**

(6) 　森を歩いているとき，何かが私の前を横切って行くのを見た。

＜see ＋目的語＋現在分詞＞で「(目的語)が〜しているのを見る」という意味。　　**解 答 2**

(7) 　子どもたちは父の洗車を手伝った。

help は原形不定詞をとることができる。＜help ＋目的語＋原形不定詞＞で「(目的語)が〜するのを手伝う」という意味。　　**解 答 1**

(8) 　何かが近くで爆発したとき，彼らは建物の床が揺れるのを感じた。

知覚動詞 feel が用いられている文で＜feel ＋目的語＋原形不定詞＞の文。「(目的語)が〜するのを感じる」という意味。この文の目的語は the floor of the building である。　　**解 答 1**

Practice 練習問題

(9) *A:* Dad, what time are you coming home today?
 B: Before dinner. I promised (　　) back early. Today is your birthday, Jenny.
  1 come   **2** coming   **3** to come   **4** have come

(10) Don't forget (　　) off the gas before you leave the house.
  1 turn   **2** to turn   **3** turning   **4** turned

(11) *A:* Joe, do you know that woman?
 B: Well, I don't know her name, but I remember (　　) her somewhere last year.
  1 meeting   **2** meet   **3** to meet   **4** to be met

(12) In the end, we gave up (　　) to solve the problem.
  1 try   **2** trying   **3** tried   **4** to have tried

(13) *A:* It's getting cold. Would you mind (　　) the window?
 B: Not at all.
  1 to close   **2** to be closed   **3** close   **4** closing

(14) Ted is looking forward (　　) abroad after graduation.
  1 to go   **2** going   **3** to going   **4** go

(15) The comedy was so funny that we couldn't help (　　).
  1 laugh   **2** laughing   **3** to laugh   **4** to laughing

(16) It's been almost one year since I came to America, but I'm not used to (　　) on the right yet.
  1 drive   **2** driving   **3** be driven   **4** have driven

Answers ……………………………… 解答と解説　Term 1

(9)　A: お父さん，今日は何時に帰ってくる？
　　B: 夕食前だよ。早く**帰ってくるって**約束したよね。今日はおまえの誕生日だからね，ジェニー。

promise は目的語に to 不定詞をとる動詞である。　　**解答 3**

(10)　家を出る前にガスを**消すの**を忘れないでください。

forget は目的語が to 不定詞か動名詞かで意味が異なるので注意する。＜ forget ＋ to 不定詞＞は「（うっかり）～するのを忘れる」という意味。turn off the gas「ガスを消す」。　　**解答 2**

(11)　A: ジョー，あの女性を知っていますか。
　　B: えーと，名前はわからないけれど，去年どこかで**会ったの**を覚えているよ。

remember も forget と同様に，目的語が to 不定詞か動名詞かで意味が異なる。＜ remember ＋動名詞＞は「（過去に）～したのを覚えている」。　　**解答 1**

(12)　結局，私たちはその問題を解決**しようとするの**をあきらめた。

give up は「～をやめる（＝ stop），あきらめる」という意味で，目的語には動名詞をとる。　　**解答 2**

(13)　A: 寒くなってきましたね。窓**を閉め**ていただけますか。
　　B: いいですよ。

mind は動名詞を目的語にとる動詞。「（～を）気にする，嫌がる」の意味なので，Would you mind ～？に「いいですよ」と答える場合は Yes ではなく No となることに注意。　　**解答 4**

(14)　テッドは卒業後，海外に**行くの**を楽しみにしている。

「～するのを（楽しみにして）待つ」は look forward to ～ ing。この to は to 不定詞の to ではないことに注意。前置詞なので，後ろには動名詞がくる。　　**解答 3**

(15)　そのコメディーはとてもこっけいだったので**笑わ**ずにはいられなかった。

can't help ～ ing で「～せずにはいられない」の意味。問題文の時制が過去なので，can't が過去形 couldn't になっている。　　**解答 2**

(16)　アメリカに来てから 1 年はどたちますが，私はまだ右側**運転**に慣れていません。

「～に慣れている」は be used to ～ ing で表す。be 動詞を get [become] にして get [become] used to ～ ing とすると「～に慣れる」という意味を表す。used to do「かつて～したものだった」と混同しないように注意。　　**解答 2**

筆記2

会話文の文空所補充①

今日の目標

２つの出題パターンを攻略しよう！

今日は，会話文の文空所補充問題の解き方のコツを学習しよう。パターンは大きく分けて，①空所直後の文が答えとなる疑問文を選ぶ問題，②空所前後から会話の流れをつかみ，適切なものを選ぶ問題の２つだ。

POINT 1 疑問文を選ぶ問題は，空所直後の応答に注目！

まず，空所までの内容から会話の状況（話者の関係・話題・場面）をつかむ。次に，空所直後の応答から，空所に適切な疑問文を選ぶ。

例題 1

A: Dad, I made dinner for you.
B: Wow, Katie! It looks delicious. (　　　)
A: Well, Mom helped me with the pasta, but I did everything else.
B: That's great. I can't wait to eat it.

1 Did you cook it all yourself?
2 Could you get me a glass of water?
3 Did Mom already eat?
4 Can you help me prepare dinner?

(07-1)

訳
A: お父さん，夕食を作ってあげたわよ。
B: わあ，ケイティ！ おいしそうだね。全部１人で作ったの？
A: ええと，パスタはお母さんが手伝ってくれたけど，ほかはみんな私が作ったの。
B: すごいね。早く食べたいな。

1 全部１人で作ったの？　　2 水を１杯もらえるかな？
3 お母さんはもう食べたの？　4 夕食の用意を手伝ってくれるかい？

解説 冒頭の Dad, Katie という呼びかけから父親と娘の会話であること，

dinner, delicious から夕食の料理が話題であることをつかむ。次に，空所直後のAの応答に注目し，これが答えとなる疑問文を選ぶ。

解答：1

POINT 2 文脈から答える問題は，接続詞・代名詞に注目！

このタイプも，まず会話の状況をつかみ，話者の立場や意見を正確に理解しよう。空所前後の接続詞や，空所前後や選択肢中の代名詞には特に注意したい。

例題 2

A: Randy, let's get a sweater for our cat.
B: That's silly, Sarah. Cats don't need sweaters.
A: I know that. But I just got a new camera, and (　　　)
B: Oh, that's a good idea. We can put it on the wall.

1 our cat isn't very old.　　**2** we don't own one now.
3 cats like to play outdoors.　　**4** I want to take a cute picture.

(07-3)

訳

A: ランディ，うちの猫にセーターを買いましょうよ。
B: それはばかげているよ，サラ。猫にセーターはいらないよ。
A: そんなことわかっているわ。でも私，新しいカメラを買ったばかりなの。それでかわいい写真が撮りたいのよ。
B: ああ，それはいい考えだね。その写真，壁に貼れるしね。
1 私たちの猫はあまり歳をとっていないわ。
2 私たちはそれを今持っていないわ。
3 猫は外で遊ぶのが好きだわ。
4 私はかわいい写真を撮りたいのよ。

解説

家族と思われる Randy と Sarah の対話。話題の中心は our cat「私たちの猫（飼い猫）」である。
A: let's get a sweater for our cat「猫にセーターを買おう」
B: That's silly「それはばかげているよ」（反対）

B: Oh, that's a good idea.「ああ，それはいい考えだね」（賛成）
Bの考えに変化を起こしたAの発言を考える。空所直前でAが I just got a new camera, and とカメラで何かをしたがっていることと，空所後のBの put it on the wall の it の内容を考えると，サラが新しいカメラを購入し，それで飼い猫のかわいい写真を撮りたがっていると考えられる。

解答：4

Practice ……練習問題

次の四つの会話文を完成させるために，(1) から (5) に入るものとして最も適切なものを 1, 2, 3, 4 の中から一つ選びなさい。

(1) *A*: I'm sorry to have kept you waiting.
　　B: That's all right. Here comes our bus.
　　A: (　**1**　)
　　B: At seven. We have plenty of time.

　　1　When did the concert start?
　　2　Where does this bus go?
　　3　How much is the fare?
　　4　What time does the concert start?

(2) *A*: May I borrow these three books?
　　B: (　**2**　)
　　A: I see. How long can I keep these two?
　　B: For two weeks.

　　1　Sure. Write down your name here, please.
　　2　I'm sorry you can't. Please come another day.
　　3　No, we can lend you only two at a time.
　　4　Yes, but you have to return them in a week.

(3) *A*: It's too noisy in here.
　　B: Why don't we go to the library?
　　A: (　**3**　)
　　B: Aren't we studying?

　　1　I want you to be quiet.
　　2　Oh, that's a good idea. Let's go.
　　3　I don't like the math teacher.
　　4　It's too quiet in there.

Answers　　　　　　　　　　　　　　　　　解答と解説　Term 1

(1)　　*A*: 待たせてごめん。
　　　　B: いいよ。あっ，バスが来た。
　　　　A: **コンサートは何時に始まるの？**
　　　　B: 7時だよ。まだ十分に時間はあるね。
　　　　1 いつコンサートは始まったの？　　　　**2** このバスはどこに行くの？
　　　　3 運賃はいくら？　　　　　　　　　　　**4** コンサートは何時に始まるの？

対話冒頭から2人はバス停で待ち合わせをしていると考えられる。空所直後でBがAt seven.「7時に」と時間を答えているので，正解は時間を尋ねている**1**か**4**のどちらか。最後のBのWe have plenty of time.「まだ十分に時間はある」から，コンサートはまだ始まっていないとわかるので，正解は**4**。　　　【解答】**4**

(2)　　*A*: この3冊の本を借りてもいいですか。
　　　　B: **いいえ，貸し出しできるのは一度に2冊までです。**
　　　　A: わかりました。この2冊はどのくらいの期間借りられますか。
　　　　B: 2週間です。
　　　　1 かしこまりました。こちらにお名前を書いてください。
　　　　2 申し訳ありませんができません。別の日に来てください。
　　　　3 いいえ，貸し出しできるのは一度に2冊までです。
　　　　4 はい，ですが1週間で戻していただかなくてはなりません。

図書館で本を借りようとしている場面。空所直前の「3冊借りてもいいですか」という疑問文にどう答えると文脈に合うのかを考える。空所後のAの発言にHow long can I keep *these two*?「この2冊はどのくらいの期間借りられますか」とあるので，3冊は借りられないと判断する。　　　【解答】**3**

(3)　　*A*: ここは騒がしすぎるね。
　　　　B: 図書館に行こうよ。
　　　　A: **図書館は静かすぎるよ。**
　　　　B: 勉強するんじゃないの？
　　　　1 僕は君に静かにしてほしいんだ。　　　**2** ああ，それはいい考えだね。行こう。
　　　　3 僕は数学の先生が好きじゃない。　　　**4** 図書館は静かすぎるよ。

空所直前のWhy don't we ～?は提案の「～しましょう」。「図書館に行こうよ」というBの提案に対して思わず**2**を選びそうになるが，それでは次のBの「勉強するんじゃないの？」につながらない。Bのこの発言から正解は**4**。Aは，「ここは騒がしすぎるが図書館は静かすぎる」と不平を言っているのである。この文脈を正確に理解していないと正解にたどり着けない。　　　【解答】**4**

Practice 練習問題

A: Hi, Bob. Are you looking for someone?
B: Yes, I'm looking for Professor Eaton's office.
A: (**4**)
B: Oh, really? I thought it was on this floor.
A: No, you have to go downstairs. Why are you looking for her?
B: I have to hand in my report to her. I should've given it to her last Friday.
A: (**5**)
B: Yes, I finished it on Wednesday, but I had a bad cold last Friday.

(4) 1 I haven't seen her today.
      2 I'm looking for her office, too.
      3 Her office's near the elevator.
      4 Her office's on the fifth floor.

(5) 1 Couldn't you finish it by the deadline?
      2 Was Professor Eaton's class canceled?
      3 Have you handed in the report yet?
      4 Didn't you come to school last Friday?

Answers

解答と解説　Term 1

A：こんにちは，ボブ。誰かを探しているの？
B：うん，イートン教授の研究室を探しているんだ。
A：先生の研究室は5階よ。
B：えっ，本当？　この階だと思ったよ。
A：ううん，下に降りないとね。どうして先生を探しているの？
B：レポートを提出しないといけないんだ。先週の金曜日に出さないといけなかったんだけど。
A：締め切りまでに終えることができなかったの？
B：いや，水曜日には終わったよ。でも先週の金曜日にひどい風邪をひいちゃったんだ。

(4)　1 今日はまだ先生を見ていないわ。
　　 2 私も先生の研究室を探しているの。
　　 3 先生の研究室はエレベーターのそばよ。
　　 4 先生の研究室は5階よ。

対話冒頭から，Bが教授の研究室を探しているという状況をつかむ。空所直後にBが「この階だと思った」と言っているので，研究室が何階にあるかが話題になっていることに着目する。階数表現が出てくるのは**4**のみ。　　解答 **4**

(5)　1 締め切りまでに終えることができなかったの？
　　 2 イートン教授の授業はなくなったの？
　　 3 レポートをもう提出したの？
　　 4 先週の金曜日，学校に来なかったの？

AのWhy 〜?の文から，後半はなぜ研究室に行く必要があるかが話題になっていることをつかむ。空所直前の＜should have ＋過去分詞＞は「〜すべきだった（のにしなかった）」という意味なので，Bは金曜日に提出すべきだったレポートをまだ提出できていないのである。この状況で空所直後のYes, I finished it on Wednesday… が答えとなるような疑問文を選ぶ。正解は**1**。この疑問文は否定疑問文なので，答えのYesは「いいえ（終えることができた）」という意味になることにも注意。　　解答 **1**

筆記3

Term 1 第5日

短文中の語句整序①

今日の目標
選択肢から熟語・会話表現を見抜こう！

語句整序問題では熟語や会話表現，構文が解答の重要ポイント。与えられた選択肢からこれらの表現が見抜ければ，簡単に解くことができる。Term 1ではまず，熟語と会話表現についてまとめよう。

POINT 1 熟語を見抜く！

語句整序問題では，選択肢が熟語になっていることが多い。熟語が見抜ければ解答できる場合も多いので，しっかりおさえておこう。

例題 1

A: Erika, I heard that you're learning golf.
B: Yes. I went to play golf (　　　) Sunday. I wasn't very good, but I had a great time.

1 time　　**2** for　　**3** first
4 on　　**5** the

(08-2)

訳
A: エリカ，ゴルフを習っているそうだね。
B: ええ。日曜日に初めてゴルフをしに行ったの。あまりうまくできなかったけれど，とても楽しかったわ。

解説　与えられた選択肢から for the first time「初めて」という熟語を見抜けるかどうかがポイント。残った **4** on が on Sunday「日曜日に」の on と気づけば，正解できる。

解答：for the first time on (2-5-3-1-4)

■この熟語が出題された！
be dependent on ～　　　～に依存している
be different from ～　　　～と異なる
be similar to ～　　　～と似ている

be supposed to *do*	～することになっている
come up with ～	（考えなど）を思いつく
every other week	1週間おきに
exchange *A* for *B*	*A* を *B* と交換する
keep *A* from *doing*	*A* が～するのを妨げる
keep in touch with ～	～と連絡を取り合う
show up	現れる（＝ appear）
stand by ～	～を支持する，助ける
stand for ～	～を表す
succeed in *doing*	～することに成功する
when it comes to ～	～のこととなると

POINT 2　会話表現を見抜く！

語句整序問題では熟語のほか，会話表現もよく出題される。例題を見てみよう。

例題 2

A: Hello, Mrs. Smith. Is Cathy home?
B: No. She's at badminton practice. (　　　)?

1 a　　　2 may　　　3 take
4 I　　　5 message

(08-1)

訳
A: もしもし，スミスさん。キャシーは家にいますか。
B: いいえ。バドミントンの練習に行っているわ。伝言をお聞きしましょうか。

解説
電話での会話である。空所の後に疑問符があるので，選択肢を並べかえて疑問文を作る。電話での会話であることと，選択肢の may や message から May I take a message? という表現を見抜けるかどうかがポイント。

解答：May I take a message（2-4-3-1-5）

■この会話表現が出題された！

Do you mind if ～ ?	～してもいいですか。
I have no idea.	わかりません。（＝ I don't know.）
Help yourself to ～ .	～をご自由にお召し上がりください。
Something is wrong with ～ .	～の調子が悪い。
What ～ for?	なぜ［何のために］～なのですか。
Why don't you *do* ～ ?	～してはどうですか。

Practice 練習問題

次の英文がそれぞれ完成した文章になるように，その文意にそって **(1)** から **(8)** までの **1** から **5** を並べ替えなさい。そして **2番目** と **4番目** にくる最も適切なものを一つずつ選びなさい。ただし，(　　) の中では文頭にくる語も小文字で示してあります。

(1) *A*: I'm taking my children to Osaka by Shinkansen. Is there anything I should keep in mind?
B: Oh, yes. You should (　　) on the train.
1 your children   2 keep   3 from
4 running   5 around

(2) *A*: Welcome to our new house, Peter. Please (　　) I get dinner ready.
B: Thank you, Ms. Brighton.
1 some snacks   2 yourself   3 while
4 to   5 help

(3) Knowing about English (　　) it well. People need to use English as often as possible in order to master it.
1 very   2 is   3 speaking
4 different   5 from

(4) *A*: George, our band needs one more guitar player. Don't you know anyone?
B: Well, I guess (　　) the guitar, Jimmy is the best in our school.
1 to   2 when   3 comes
4 playing   5 it

40

Answers　　　　　　　　　　　　　　解答と解説　Term 1

(1) 　*A:* 子どもを新幹線で大阪に連れて行くんだけど，何か気をつけておくことはある？
　　　B: ええ，あるわよ。列車の中で子どもが走り回らないようにすることよ。

選択肢から keep *A* from *doing* で「*A* が〜しないようにする，〜するのを防ぐ」を見抜くのがポイント。keep 〜 in mind は「〜を心に留めておく」，run around は「走り回る」の意味。
▶**正しい語順**　keep your children from running around　　　　解答 **1-4**

(2) 　*A:* 私たちの新居へようこそ，ピーター。私が夕食を用意している間，スナックをご自由にお召し上がりくださいね。
　　　B: ありがとうございます，ブライトンさん。

選択肢から Help yourself to 〜．「(食べ物や飲み物など)をご自由にお召し上がりください」という会話表現を見抜くのがポイント。残った 3 while「〜している間」は空所直後の節と結びつく従属接続詞である。
▶**正しい語順**　help yourself to some snacks while　　　　解答 **2-1**

(3) 　英語について知っていることは，それをうまく話すこととは非常に異なる。英語を習得するためにはできるだけ頻繁に英語を使う必要がある。

選択肢から be different from 〜「〜と異なる」を見抜くのがポイント。from は前置詞なので，後ろには動名詞 speaking がくる。最後に，残った very を形容詞 different の前におく。Knowing about English「英語について知っていること」は speaking it well「それをうまく話すこと」とは非常に異なる，という意味。
▶**正しい語順**　is very different from speaking　　　　解答 **1-5**

(4) 　*A:* ジョージ，私たちのバンドにはギターを弾く人がもう 1 人必要よ。誰か知らない？
　　　B: そうだな，ギターを弾くことに関しては，ジミーが学校で一番だと思うよ。

when it comes to 〜で「〜のこととなると，〜に関しては」という熟語。この to は前置詞の to なので，後ろには動名詞 playing がくる。
▶**正しい語順**　when it comes to playing　　　　解答 **5-1**

Practice 練習問題

(5) *A:* Hey, Mike. You look pale. (   ) see a doctor?
 B: I don't feel well. Maybe I've got a cold.
 1 and   **2** don't   **3** go
 4 why   **5** you

(6) When an earthquake occurred last night, Cindy was so upset that she (   ) do.
 1 to   **2** no   **3** what
 4 had   **5** idea

(7) *A:* Could you explain that again? I (   ) wanted to say.
 B: I see. I'll try not to use technical terms this time.
 1 you   **2** couldn't   **3** out
 4 what   **5** figure

(8) Many scientists and economists believe that food production (   ) population growth.
 1 up   **2** will   **3** with
 4 not   **5** keep

Answers　　　　　　　　　　解答と解説　Term 1

(5) **A**: あら，マイク。顔色が悪いわね。お医者さんに診てもらいに行ったらどう？
　　B: 気分が悪いんだ。たぶん風邪をひいたんだな。

選択肢から Why don't you *do* ～?「～したらどうですか」という提案の表現を見抜くのがポイント。go and see a doctor で「医者に診てもらいに行く」という意味。
▶正しい語順　Why don't you go and　　　　　　　　解答 2-3

(6) 昨夜，地震が起こったとき，シンディはとても動揺してしまい，何をしていいのかわからなかった。

選択肢から had no idea「わからなかった」という会話表現を見抜くのがポイント。残った to と what，空所の後の do から what to do「何をすべきか」を作り，これを she had no idea の目的語として続ける。
▶正しい語順　had no idea what to　　　　　　　　解答 2-3

(7) **A**: もう一度説明していただけますか。おっしゃりたいことが理解できませんでした。
　　B: わかりました。今度は専門用語を使わないようにしますね。

選択肢から熟語 figure out「～を理解する（= understand）」を見抜く。目的語は what you wanted to say「あなたが言いたかったこと」で，what は先行詞を含む関係代名詞（⇒ Term 2　第 13 日）。technical terms は「専門用語」。
▶正しい語順　couldn't figure out what you　　　　　　解答 5-4

(8) 多くの科学者と経済学者は，食糧生産は人口の増加についていかないであろうと信じている。

選択肢から 熟語 keep up with ～「～に遅れずについていく」を見抜く。形の似ているもので，catch up with ～「～に追いつく」，put up with ～「～を我慢する」，come up with ～「（考えなど）を思いつく」などもあわせて覚えておこう。
▶正しい語順　will not keep up with　　　　　　　　解答 4-1

43

筆記 4

長文の語句空所補充 ①

今日の目標
同じ内容を言い換えている部分を見抜こう！

筆記4は，空所が2つで，ある人物の日常がテーマの長文と，空所が3つの説明文が出題される。今日は，空所を含む文と同じ内容が言い換えられている文に注目して問題を解く方法をおさえよう。

POINT 1 空所前後の同意表現に注目!

筆記4の長文では，空所の前後に空所を含む部分と同じ内容を述べているか所がある場合が多い。そこに着目することができれば，空所に入る語をスムーズに選ぶことができる。例題を見てみよう。

例題

Simon's Lessons

When Simon was a little boy, he started taking violin lessons. His teacher said that he should practice every day, but he didn't. Simon's parents told him that if he didn't practice harder, he would have to stop taking lessons. They said that the lessons were too expensive to continue if he was going to be (34) and not practice. After a few months, Simon quit learning the violin.

A few years later, Simon went to a concert by a famous violinist. He was impressed by the beautiful sound of the music. After that, Simon became interested in playing the violin again. He decided to go back to his old teacher. Now, Simon takes lessons every week, and he never (35) a day of practice. He hopes one day to be able to play like the famous violinist he heard.

(34)	1 happy	2 lazy	3 dirty	4 easy
(35)	1 misses	2 touches	3 catches	4 expects

(07-1)

訳

サイモンのレッスン

　サイモンは，小さいころにバイオリンのレッスンを受け始めた。彼の先生は彼に毎日練習するように言ったが，彼は練習しなかった。サイモンの両親は，もっと一生懸命練習しないなら，レッスンを受けるのをやめさせると彼に言った。彼らは，サイモンが怠けて練習をしないつもりなら，レッスンはお金がかかりすぎるので継続させることはできないと言った。数か月後，サイモンはバイオリンを習うのをやめた。

　数年後，サイモンは有名なバイオリン奏者のコンサートに行った。彼は，その音楽の美しい音色に感動してしまった。その後，サイモンはまたバイオリンを弾くことに興味を持つようになった。彼は昔の先生のところに戻ることに決めた。今では，サイモンは毎週レッスンを受け，1日も練習をし損うことはない。彼は，いつの日か，自分が聞いたあの有名なバイオリン奏者のように演奏できるようになりたいと願っている。

解説

　幼いころにバイオリンを習うのをやめてしまったサイモンが，有名なバイオリン奏者の演奏に感動し，再び同じ先生に習い始めるという話。

(34) 空所を含む部分 if he was going to be (　　　) and not practice は，その前文にある if he didn't practice harder と同じ内容を言い換えている。「もっと一生懸命練習しないなら」は，「怠けて練習をしないつもりなら」と考えられるので，正解は **2**。**1**「うれしい」，**3**「汚い」，**4**「易しい」。

(35) 空所を含む部分 never (　　　) a day of practice は直前の takes lessons every week と近い内容を言い換えていることに着目する。「毎週レッスンを受け」ているサイモンは，「1日も練習をし損うことはない」と考えられる。したがって **1** の「し損う」を選ぶ。**2**「触る」，**3**「捕まえる」，**4**「予想する」。

解答：(34) **2**　(35) **1**

Practice 練習問題

1 次の英文を読み，その文意にそって (1) と (2) の (　) に入れるのに最も適切なものを 1, 2, 3, 4 の中から一つ選びなさい。

Country Life

　Alice grew up in Baltimore, one of the largest cities on the American East Coast. Baltimore was exciting in many ways, but it was also very crowded and people were not so friendly. Alice had always dreamed of living out in the country because of those (**1**). So when Alice got a chance to work for a company in Montana, she took it.

　The town Alice moved to had a population of only 10,000. She quickly came to know nearly all of her neighbors, who were friendly and helpful. Alice knew that living in the countryside was not always convenient. There were only a few restaurants, one theater and no city attractions like museums. Everyone also knows everybody else. It means that it is usually impossible to do anything (**2**). However, Alice is satisfied with living in Montana, and she is happy with her decision.

(1)　1 losses　　2 problems　　3 chances　　4 advantages
(2)　1 carefully　2 naturally　　3 honestly　　4 privately

Answers

解答と解説　Term 1

田舎での生活

　アリスはアメリカ東海岸で最も大きな都市の1つであるボルチモアで育った。ボルチモアは多くの点で刺激的だったが，そこはまたとても混雑していて，人々もそれほど親切ではなかった。そのような問題点のためにアリスはいつもそこを出て田舎で暮らしたいという夢を持っていた。そのため，モンタナの会社で働く機会を得たとき，彼女はそれを受けた。

　アリスが引っ越した町は人口が1万人しかいないところだった。彼女はすぐに近所の人ほとんど全員と知り合いになり，彼らはとても親切で助けになってくれた。アリスは田舎で暮らすことがいつも便利であるとは限らないことを知った。レストランは数軒だけ，劇場は1つ，博物館のような都市の観光名所はなかった。また，すべての人がお互いに顔見知りである。それは，何事もひそかにすることは不可能だということである。しかしながら，アリスはモンタナでの暮らしと自分の決断に満足している。

(1) those（　）とは，直前の文の後半「ボルチモアが混雑していて人々も親切ではなかった」ということを指す。この内容を名詞1語で表すとどれが適切かを考える。正解は2の「問題点」。アリスはボルチモアにそういう問題点があったので，田舎暮らしにあこがれたのである。1「損失」，3「機会」，4「利点」。　　**解答 2**

(2) 空所を含む文の冒頭 It means that ～ .「それは～ということである」から，空所を含む部分 it is usually impossible to do anything（　）と直前の文 Everyone also knows everybody else. がほぼ同じことを述べている文であるということを見抜く。「みんなが顔見知りである」ということは「何もひそかにできない」ということである。1「注意深く」，2「自然に」，3「正直に」。　　**解答 4**

Practice 練習問題

2 次の英文を読み，その文意にそって (1) から (3) までの (　) に入れるのに最も適切なものを 1, 2, 3, 4 の中から一つ選びなさい。

Immigration

　People who go to work or live in another country for a long time are known as immigrants.* Experts say that immigrants bring many benefits to host countries. Indeed, the American economy would not be as strong without its immigrant workers. Even so, immigrants commonly cause (1) among host country citizens. Some of them fear immigrants will take their jobs, while others worry their national culture may change.

　Americans have long been concerned about immigrants from countries in Central America, like Guatemala or Honduras. It is true that large numbers of Central Americans go to other countries to find work each year. However, not all of these people head toward the United States. For example, an increasing number of Central Americans immigrate to Mexico. Mexico is not as wealthy as the United States, but it is still much richer than such Central American nations. Many Central American immigrants stay in Mexico instead of continuing on to the United States for several reasons. Mexico's culture is similar to Central America's and the language, Spanish, is the same. Central Americans also only have to travel a short distance to Mexico but have to take a much longer route to the United States. Immigration to Mexico is therefore much (2) than going all the way to the United States.

　Negative feelings about Central Americans are slowly increasing in Mexico, though. Some Mexicans complain that Central Americans are taking away Mexican jobs, even though it is clear that Central Americans are mainly doing work that Mexicans themselves can't or won't do. Experts say the long-term solution to the immigration issue is to increase job opportunities and development within Central American nations. That way, fewer Central Americans will have to leave home to (3) employment.

*immigrant：移住者

(1)	1 management	2 anxiety	3 flight	4 condition
(2)	1 busier	2 earlier	3 easier	4 lazier
(3)	1 find	2 hide	3 test	4 force

Answers

解答と解説　Term 1

移住

　長期間ほかの国に働きに行ったり暮らしたりする人々は移民として知られている。専門家は，移民は受け入れ国に多くの恩恵をもたらすと言う。実際，移民労働者なしではアメリカの経済はこれほど強力なものではないだろう。たとえそうでも，移民は一般的に受け入れ国の国民に不安を抱かせる。移民が自分たちの仕事を取ってしまうことを恐れる人や自国の文化が変化することを心配する人がいるのである。

　アメリカ人は，グアテマラやホンジュラスのような中央アメリカの国々からの移民について長く憂慮してきた。多くの中央アメリカの人々が毎年仕事を見つけるために他国へ行くのは事実である。しかし，これらの人々が皆，アメリカを目指すわけではない。例えば，メキシコに移住する中央アメリカの人々が増えている。メキシコはアメリカほど豊かではないが，それでもそのような中央アメリカの国々よりはずっと豊かなのである。多くの中央アメリカの移民は，いくつかの理由で，アメリカまで移動を続けないでメキシコに留まる。メキシコの文化は中央アメリカの文化と似ており，言語もスペイン語で同じである。また，中央アメリカの人々はメキシコなら短距離の移動ですむが，アメリカまではずっと長い行程をとらねばならない。それゆえ，メキシコへの移住は，はるばるアメリカまで行くよりもずっと簡単なのである。

　しかし，中央アメリカの人々への否定的な感情がメキシコでゆっくりと増している。中央アメリカの人々がメキシコ人にはできないか，あるいはするつもりのない仕事を主にしているのが明らかであるにもかかわらず，メキシコ人の中には彼らがメキシコ人の仕事を奪っていると不平を言う人もいる。専門家は，移民問題に対する長期的な解決方法は，中央アメリカの国々で仕事の機会を増やしたり，発展を促したりすることであると言う。そのようにすれば，職を見つけるために故国を離れなければならない中央アメリカの人々は減るであろう。

(1) 空所に入る語が直後の文 Some of them … may change. で具体的に説明されていることを見抜く。正解は 2「不安，心配」。1「管理」，3「飛行」，4「状態」。　**解答 2**

(2) 空所の前にある therefore「それゆえに」が，直前の2文の内容をまとめていることを見抜く。メキシコへの移住とアメリカへの移住を比較し，どの形容詞が適切か判断する。正解は 3「より簡単な」。1「より忙しい」，2「より早い」，4「より怠けた」。　**解答 3**

(3) 直前の文の increase job opportunities and development によって，中央アメリカの人々が何のために故国を離れることが減るかを考える。employment は「雇用」という意味だが，ここでは work と同義。2「隠す」，3「検査する」，4「強制する」。　**解答 1**

49

筆記 5

長文の内容一致選択①

今日の目標
必ず本文から解答の根拠を見つけよう！

筆記5の長文読解では，Eメールと説明文の2題が出題される。いずれも内容一致問題である。内容一致問題では正解を選ぶ根拠は必ず本文中にあるので，それを1つ1つ確認しながら解答していくようにしたい。

POINT 1　ヘッダーやタイトルから長文の概要をつかむ！

Eメールには，最初にヘッダーと呼ばれる以下のような見出しがある。

From: Sophie Bateman <s-bateman@newstepmail.com>	…「送信者」
To: Mark Sears <m-sears@marksearssales.com>	…「受信者」
Date: June 13, 2008	…「日付」
Subject: Vacation-home visit	…「件名」

件名には，そのメールの用件や話題が簡潔に書かれているので，最初に目を通しておくと文章が読みやすい。説明文のタイトルも同様である。

POINT 2　本文に解答の根拠を探す！

内容一致問題では，①本文から質問に関連する部分を見つけ出し，②本文に書かれていることと合致するものを選ぶようにする。本文中には必ず，解答の根拠となるか所がある。本文中にないものについては正解とはならないので，注意する。

例題 1

From: Sophie Bateman <s-bateman@newstepmail.com>
To: Mark Sears <m-sears@marksearssales.com>
Date: June 13, 2008
Subject: Vacation-home visit

Dear Mark,

I'm glad that you and your family will be coming to stay at our vacation home next month. It's been such a long time since we last met. I don't think I've seen you since we were working together at Wakefield Corporation. Anyway, I can't wait to see you and your wife again, and my son Harry is looking forward to playing with your two boys.

(39) Sophie and Mark

   1 went on vacation together last year.
   2 have children going to the same school.
   3 used to work at the same company.
   4 last met at Mark's new office.

(08-2 一部抜粋)

訳

送信者：ソフィー・ベイトマン <s-bateman@newstepmail.com>
受信者：マーク・シアーズ <m-sears@marksearssales.com>
日付：2008年6月13日
件名：別荘への来訪
マークへ

　来月，あなたのご一家が私たちの別荘に来てくださること，うれしく思っています。この前お会いしてからずいぶんたちましたね。ウェイクフィールド社で一緒に働いていたとき以来ずっとお会いしていないと思います。とにかく，あなたと奥さまに再会できるのが待ち遠しくてたまりません。息子のハリーは，あなたの2人の息子さんと遊ぶのを楽しみにしています。

(39) ソフィーとマークは

   1 昨年，一緒に休暇で旅行に行った。
   2 同じ学校に通う子どもがいる。
   3 かつて同じ会社で働いていた。
   4 この前マークの新しい会社で会った。

解説

　ヘッダーからソフィーがマークに宛てたEメールで，「別荘への来訪」についての内容だとわかる。質問ではソフィーとマークの関係が問われている。第3文のsince以下に「ウェイクフィールド社で一緒に働いていた」とあるので，正解は **3**。

　1は，本文中に述べられていないので不適。**2**は，第4文後半からマークとソフィーに子どもがいることはわかるが，同じ学校とは書かれていないので不適。**4**のマークの新しい会社についてはまったく触れられていないので不適。

解答：**3**

POINT 3 正解のパラフレーズ(言い換え)に注意!

正解の選択肢では，本文中の表現がそのまま用いられていることは少なく，別の表現で言い換えられていることが多い。この言い換えを見抜くのが正解へのカギである。

例題 2

The Jeepney

In 1945, at the end of World War II, many soldiers from the U.S. Army returned home from the Philippines. But they left behind hundreds of Jeeps that they had used. These Jeeps were sold or given away to local people. The public-transportation systems in Manila and other large cities had been almost completely destroyed during the war, so the new owners of these vehicles decided to use them as shared taxis.

(42) In Manila at the end of World War II,
   1 there was very little public transportation.
   2 the U.S. Army destroyed their own Jeeps.
   3 local people sent their vehicles to America.
   4 American soldiers started driving shared taxis.

(08-2 一部抜粋)

訳

ジープニー

1945年，第二次世界大戦終了時に，アメリカ軍の多くの軍人がフィリピンから故国へ戻った。しかし，彼らは使用していたジープを何百台も残していった。これらのジープは地元の人々に売却されたり寄付されたりした。マニラやほかの大都市の公共交通機関は戦争中にほとんど完全に破壊されてしまったので，これらの車両の新しい持ち主はそれを乗合タクシーとして利用することにした。

(42) 第二次世界大戦終了時にマニラでは，
   1 ほとんど公共交通機関がなかった。
   2 アメリカ軍が自分たちのジープを壊した。
   3 地元の人々が彼らの車をアメリカに送った。
   4 アメリカ軍人が乗合タクシーを運転し始めた。

解説

タイトルが見たこともない単語で驚くかもしれないが，「ジープニー」という音と第2文に出てくる Jeeps から「ジープ」に関連することだと予測し，読み進めていこう。

設問最初に In Manila とあるので Manila が出てくるか所を本文

中から探し，in Manila and other large cities とある第4文に着目。この文の前半に，「マニラやほかの大都市の公共交通機関は戦争中にほとんど完全に破壊されてしまった」とある。選択肢から，この内容に一致するものを探すと，**1**「ほとんど公共交通機関がなかった」と言い換えられていることがわかる。したがって，正解は **1**。

　2 は，本文中に書かれているのは「アメリカ軍がジープを残していった」ことであり，「壊した」とは書かれていないので不適。**3** は「地元の人々がアメリカに送った」のではなく「地元の人々に売却されたり寄付されたりした」とあるので不適。**4** は，乗合タクシーを始めたのはアメリカ軍人ではなく，アメリカ軍のジープの新しい持ち主なので不適と判断する。

解答：1

Practice

1 次の英文の内容に関して，(1) から (3) までの質問に対して最も適切なものを 1, 2, 3, 4 の中から一つ選びなさい。

From: Jennifer Tyler <jennifer@speedcom.net>
To: Mary Collins <mary901@plustel.com>
Date: September 4, 2008
Subject: My Summer

Dear Mary,

Hi! I just wanted to tell you about the exciting time. I had volunteering this summer. It was a really unique experience to visit a new place and help people at the same time. You probably think I was volunteering in a country like Africa. Actually, I was volunteering in Atlanta, Georgia.

I was a volunteer for the Fix Up America Program. You probably don't know that although Atlanta has some very rich areas, it also has some very poor ones. We painted and repaired the homes of senior citizens. Many of them are quite old and can't do that kind of hard work. So, we did it for them.

Most of the people in the program were college students like me. I was surprised to find that most of them were not from Georgia. A few were from the state of Maine like us, but others were from Wisconsin, California, Alaska, or even Hawaii. Besides the volunteering work, it was also a great chance to meet young people from all over the United States. I met a lot of people who became my close friends over the summer, and we still keep in touch. Next year, I really think that you should come with me. What do you think?

Jennifer

(1) Why was Jennifer's summer unique?
1 She lived with old people.
2 She helped others in a new place.
3 She bought a home in Atlanta.
4 She went to Africa for the first time.

(2) Which is true about Atlanta?
1 There are people of various incomes.
2 Most people do not have their own homes.
3 There are not many old people there.
4 Many young people have no jobs.

(3) What was Jennifer surprised about?
1 There were few college students.
2 Many volunteers were from other cities.
3 No one was from her home state.
4 Her friend will join her next year.

Answers

送信者：ジェニファー・タイラー<jennifer@speedcom.net>
受信者：メアリー・コリンズ<mary901@plustel.com>
日付：2008年9月4日
件名：私の夏

メアリーへ
　こんにちは！　すごく楽しかった時間のことについてあなたに話したかったの。今年の夏，私はボランティアをしたの。見知らぬ場所を訪れて，同時に人を助けることは本当に珍しい経験だったわ。きっとあなたは私がアフリカのような国でボランティアをしていたと思っているでしょう。実は，ジョージア州アトランタでボランティアをしていたのよ。
　私は「フィックス・アップ・アメリカ・プログラム」のボランティアだったの。あなたはおそらく知らないと思うけれど，アトランタにはとても裕福な地域がいくつかあるけれど，すごく貧しい地域もあるのよ。私たちはお年寄りの家のペンキを塗ったり修理をしたりしたの。そこのお年寄りの多くはとても年をとっていて，そういったきつい仕事ができないの。それで，私たちが彼らのためにしたというわけよ。
　そのプログラムに参加した人のほとんどは私のような大学生だったの。彼らのほとんどがジョージア州から来たのではないということがわかって驚いたわ。私たちのようにメイン州から来た人が2, 3人いて，ほかにはウィスコンシン州，カリフォルニア州，アラスカ州，それからハワイ州から来た人もいたわ。ボランティアの仕事に加えて，アメリカ中からやって来た若者に会えたというのも貴重な機会だったわ。この夏を通して多くの人に出会い，親しい友人になって，今も連絡を取り合っているの。来年はあなたも私と一緒に行くべきだと真剣に考えているけれど，どうかしら？
　ジェニファー

　ジェニファーが夏に参加したボランティア活動についての話。ボランティアの内容と，彼女がそこから得たことを読み取る。

■重要語句
第1段落：at the same time「同時に」, a country like Africa「アフリカのような国」
第2段落：the Fix Up America Program はボランティア活動の名前。that kind of hard work は，直前の家のペンキ塗りや修理を指す。
第3段落：A few (people)「2, 3人(の人)」, keep in touch「連絡を取り合う」

(1) ジェニファーの夏はなぜ珍しかったのですか。
　1　お年寄りとともに暮らしたから。
　2　見知らぬ場所で人の手助けをしたから。
　3　アトランタに家を買ったから。
　4　初めてアフリカへ行ったから。

unique という語は，第 1 段落第 4 文にある。この文の It は形式主語で to 以下を指していることが読み取れれば，to 以下が unique experience の内容を指していることがわかる。「見知らぬ場所を訪れて，同時に人を助けることは本当に珍しい経験だった」から，正解は 2。1，3，4 はいずれも本文にそのような内容の記述はないことより，不適。　　　　　　　　　　　　　　　　　　　　　　　　　　　解答 2

(2) アトランタについて正しいのはどれですか。
　1　さまざまな収入の人がいる。
　2　ほとんどの人が自分の家を持っていない。
　3　お年寄りはあまりいない。
　4　多くの若者が仕事に就いていない。

第 2 段落第 2 文の that 以下「アトランタにはとても裕福な地域がいくつかあるが，とても貧しい地域もある」を根拠に正解は 1。選択肢では本文中の表現が various incomes「さまざまな収入」と一言で言い換えられている点に注意しよう。　解答 1

(3) ジェニファーは何について驚きましたか。
　1　大学生がほとんどいなかったこと。
　2　多くのボランティアがほかの街から来たこと。
　3　彼女の出身の州から来た人は誰もいなかったこと。
　4　来年は彼女の友人も彼女に加わること。

「ジェニファーが驚いた」という記述は，第 3 段落第 2 文に I was surprised to find … とある。驚いた内容は most of them were not from Georgia「彼らのほとんどがジョージア州出身ではなかった」ということなので，正解は 2。1 は第 3 段落第 1 文の内容と不一致。3 は第 3 段落第 3 文の前半部分の内容と不一致。4 は友達が参加するかどうかはまだわからないので不適。　　　　　　　　　　　　　解答 2

Practice

2 次の英文の内容に関して，(1)から(4)までの質問に対して最も適切なもの，または文を完成させるのに最も適切なものを 1, 2, 3, 4 の中から一つ選びなさい。

Burt Rutan

Burt Rutan was born in 1943 in Oregon. From a very young age, he was interested in flying. From 1965 to 1972, he worked for the U.S. Air Force to achieve his dream. During this time, most NASA designs were based on rocket technology. Their goal was to develop powerful rocket engines that could fight the strong pull of Earth to bring larger satellites or spaceships into outer space. Rutan had always been interested in space flight, but his ideas were completely different from NASA's. Instead of designing a powerful rocket engine, he focused on creating lighter aircraft. He believed that such aircraft could eventually go beyond Earth, into space, and return again. Many scientists thought Rutan's plans were impossible, so he received little help from engineers in the government or at large aircraft companies.

Instead, Rutan decided to start his own company called Scaled Composites to test his new ideas. Now, his company has become the most successful aircraft design company in the world. By using light but strong materials and specially designed wings, Rutan's aircraft could fly farther and higher than others. He amazed many people when one of his aircrafts, Voyager, became the first to fly around the world without stopping. His greatest success, though, has been SpaceShipOne, the first privately-developed spacecraft. Rutan's goal is to make private space travel both common and cheap.

However, there are several problems. Spaceships are extremely complex. Even very small errors or technical problems can cause terrible disasters. Another problem is cost. Private space travel currently costs several million dollars per passenger. This is too expensive for ordinary people. Nevertheless, Burt Rutan has not given up. He feels SpaceShipOne is the beginning of a new age of private space flight, and he plans to lead the way.

(1) NASA focused on rocket engines because
   1 they wanted to bring larger spaceships into space.
   2 they wanted to carry more items on them.
   3 they wanted to stay in space longer.
   4 they wanted to fly faster in outer space.

(2) What was Burt Rutan's idea?
   1 To use a light but tough aircraft material.
   2 To use a similar design to the government.
   3 To get help from engineers at aircraft companies.
   4 To build a space station for everyone to use.

(3) Burt Rutan hopes that someday
   1 everyone will be able to travel to space.
   2 he will fly around the world in his aircraft.
   3 he will stop any accidents from happening.
   4 engineers will build a company similar to NASA.

(4) Which is true about Burt Rutan?
   1 He finally got NASA to accept his opinions.
   2 He never gave up his dream for private space flight.
   3 He believed spacecraft needed more powerful rockets.
   4 He made space travel more popular among ordinary people.

Answers

バート・ルータン

　バート・ルータンは1943年にオレゴンで生まれた。彼はとても小さいころから飛ぶことに興味を持っていた。1965年から1972年に彼は自分の夢を実現させるためにアメリカ空軍で働いた。この時期，NASAのほとんどの設計はロケット工学に基づいていた。その目的は，より大型の人工衛星や宇宙船を宇宙へ送るために地球の強い引力に負けない強力なロケットエンジンを開発することであった。ルータンは常に宇宙飛行に興味を持っていたが，彼の考えはNASAの考えとはまったく異なっていた。彼は，強力なロケットエンジンを設計するのではなく，より軽い航空機をつくることに焦点を置いた。彼は，そのような航空機は最終的には地球を越え宇宙に達し，再び地球に戻ってくることができると信じていたのである。多くの科学者はルータンの計画は不可能だと考えたので，彼は政府や大きな航空機会社に所属していた技師からの援助をほとんど受けなかった。

　その代わりに，ルータンは，自分の新しい考えを確かめるために，スケールドコンポジッツという名の自分の会社を始めることに決めた。現在，彼の会社は世界で最も成功した航空機設計の会社となった。軽量だが強い素材と特別に設計された翼を用いて，ルータンの航空機はほかのものよりも遠く高く飛ぶことができた。彼の航空機の1つであるボイジャーがノンストップで世界一周飛行をした最初の航空機となり，彼は多くの人々を驚かせた。しかし，彼の最大の成功は，初めて民間企業が開発した宇宙船スペースシップワンである。ルータンの目標は，宇宙個人旅行を一般的で安価なものにすることである。

　しかし，いくつかの問題がある。宇宙船は極めて複雑だ。どんなに小さなミスや技術的な問題でも大惨事を引き起こす可能性がある。もう1つの問題は費用である。宇宙個人旅行は現在1人あたり数百万ドルする。これは一般の人々にとっては高価すぎる。それでもなお，バート・ルータンはあきらめていない。彼はスペースシップワンが宇宙個人旅行の新しい時代の幕開けであると感じており，彼はその先導役を務めようと考えている。

　宇宙航空機開発をしているバート・ルータンの話。彼の航空機がほかのものとどのように違ったのか，彼の夢は何かを読み取っていく。

(1)　NASAがロケットエンジンに焦点を置いたのは，
　　1　より大型の宇宙船を宇宙に送り出したかったからである。
　　2　より多くの物を運びたかったからである。
　　3　より長く宇宙に留まりたかったからである。
　　4　宇宙でより速く飛びたかったからである。

解答と解説

第1段落では NASA とルータンの宇宙航空機に対する考え方の違いが説明されている。NASA は地球の引力に打ち勝つ強力なロケットエンジンを開発しようとしたが、ルータンは軽量の航空機を開発することに焦点を置いた。質問は NASA がなぜロケットエンジンに焦点を置いたかということで、これは、同段落の第5文に述べられている。2, 3, 4 はいずれも本文で述べられていない内容なので、不適。

解答 1

(2) バート・ルータンの考えは何でしたか。
1 軽いが頑丈な航空機の材料を使うこと。
2 政府と似た設計を採用すること。
3 航空機会社の技師の援助を受けること。
4 みんなが使える宇宙ステーションを建設すること。

第2段落ではルータンが自分の会社を設立し、軽くて丈夫な素材で航空機を作り、その航空機の1つであるボイジャーが世界で初めてノンストップで世界一周をしたことが述べられている。質問はルータンの航空機に対する考え方だが、これは第1段落の第7文の he focused on creating lighter aircraft でも一部説明されているが、具体的には第2段落第3文の前半で説明されている。

解答 1

(3) バート・ルータンが願っていることは、いつの日か
1 みんなが宇宙旅行できるようになること。
2 自分の航空機で世界一周すること。
3 事故をまったく起こさせないようにすること。
4 技師たちが NASA と似た会社をつくること。

第2段落の最後の部分に、彼の作った宇宙船スペースシップワンのことが説明されている。質問は彼の夢についてだが、これは第2段落の最後の文に「宇宙個人旅行を一般的で安価なものにすること」とあるので、正解は 1。

解答 1

(4) バート・ルータンについて正しいのはどれですか。
1 最終的には NASA に自分の意見を受け入れさせた。
2 宇宙個人旅行の夢を決してあきらめなかった。
3 航空機はもっと強力なロケットが必要であると信じていた。
4 宇宙旅行を一般の人々にもっと普及させた。

第3段落では、宇宙船は複雑であること、宇宙旅行には費用がかかりすぎることという問題点が指摘されている。質問の答えの根拠となる部分は、第3段落第7文 Burt Rutan has not given up である。ルータンがあきらめなかったことは、もちろん宇宙個人旅行への夢である。

解答 2

Term 1 第8日 リスニング第1部・第2部

会話の応答文選択／会話の内容一致選択①

今日の目標
対話を的確にとらえよう！

リスニングテストは事前に形式を把握し，慣れておくことが特に重要である。今日は男女の会話形式である第1部・第2部を取り上げる。2人の関係，場面，状況を的確にとらえよう。

リスニング第1部

男女2人の会話（A-B-A）に続く応答を，3つの選択肢から選ぶ問題である。会話と選択肢は一度だけ放送される。選択肢が問題冊子には印刷されていないことに注意しよう。また，第1部に限り，実際の問題に入る前に例題が1題放送される。問題は全部で10題で，そのうち電話での会話が2題程度出題される。解答時間は各問10秒。

POINT 1　話者の関係と会話の場面をつかむ!

話者の関係と会話の場面をつかむことで，放送文の状況がよりつかみやすくなる。以下のパターンがよく出題される。

<話者の関係>　　　　　<会話の場面>
・同僚，友人　　　　　　・家，学校
・家族　　　　　　　　　・店，レストラン，劇場，病院，ホテル
・店員と客　　　　　　　・電話（間違い電話，注文・問い合わせの電話など）
・初対面　など　　　　　・路上（駅，バス停，公園など）　　　　　など

POINT 2　対話最後の発言を注意して聞く!

第1部は，対話最後の発言がそのまま解答のカギとなることが多い。対話最後の発言から，第1部の解答は以下の3つのパターンに分けられる。
①疑問詞疑問文に対する応答を選ぶ
②「勧誘・提案」「依頼・お願い」の問いかけに対する応答を選ぶ
③文脈に適切な「感想・励まし」の応答を選ぶ
「勧誘・提案」「依頼・お願い」「感想・励まし」などの表現は問いかけと応答をセットで覚えておくと答えやすい。

● 「勧誘・提案」の問いかけと応答例
Will you come to our party?（パーティーに来ませんか）
—With pleasure.（喜んで）
● 「依頼・お願い」の問いかけと応答例
Can [May] I ask you a favor?（ちょっとお願いがあるのですが）
—Sure. What is it?（いいですよ。何ですか）
● 「感想・励まし」の応答例
Jane passed [failed] the exam!（ジェーンが試験に受かった［落ちた］よ！）
—I'm very happy [sorry] to hear that.（本当によかった［残念だった］ね）
以上のポイントを踏まえ，次の例題を見てみよう。

● CD 2

例題 1

（選択肢はすべて放送されます）
放送される英文：
☆：How do you like the apple pie I made, Akihiro?
★：It's the best I've ever eaten, Carol.
☆：Oh, I'm glad! Would you like another piece?
1 It was eight dollars.
2 Thanks, but I've had enough.
3 I don't have the recipe.

(08-1)

訳
☆：私の作ったアップルパイはどうですか，アキヒロ？
★：僕が今まで食べた中で一番おいしいよ，キャロル。
☆：あら，うれしいわ！　もう1ついかがかしら。
1 それは8ドルだったよ。
2 ありがとう。でももう十分にいただいたよ。
3 僕はそのレシピを持っていないんだ。

解説
最初の女性の発言から，話題が the apple pie I made「私（キャロル）が作ったアップルパイ」であることをつかむ。How do you like 〜? は「〜はどうですか」と相手に感想を求めるときの表現。キャロルがアップルパイを作り，それを食べたアキヒロが感想を言っているという状況である。解答のカギは対話最後の Would you like another piece? というキャロルの発言。Would you like 〜?「〜はいかがですか」というものを勧める表現に対して適切な応答を選ぶ。Thanks, but 〜と断っている **2** が正解。この問題のように Yes / No だけで単純に正解が選べる問題は少ないことも頭に入れておこう。

解答：**2**

リスニング第 2 部

　第 1 部よりやや長めの男女の会話（A-B-A-B）と，会話の内容に関する質問が放送される。問題冊子に印刷された 4 つの選択肢から最も適切なものを選ぶ形式。問題は全部で 10 題で，第 1 部と同様，会話と質問は一度しか放送されない。解答時間は各問 10 秒。

POINT 1　選択肢から放送の内容と質問を予測！

　第 2 部では選択肢が問題冊子に印刷されているので，放送が始まる前に選択肢をさっと見て，質問を予測しておくとよい。

	選択肢の形が統一されている	選択肢の形が統一されていない
選択肢	1 **Go** to a dance with him. 2 **Answer** a homework question. 3 **Meet** his friend Greg on Friday. 4 **Walk** to school with him.	1 The **elevator** is **too crowded**. 2 The **elevator** is **being repaired**. 3 **She** needs some exercise. 4 **She** has a lot of time.
予測	Go, Answer, Meet, Walk と動詞が並んでいることから，人物の行動を尋ねられると予測。	elevator, too crowded, being repaired からエレベーターに何か不都合があり，She から女性についての質問と予測。
内容	ブライアンがジュリーをダンスパーティーに誘うが断られる。	エレベーターが修理中のため，女性は階段を使わなければならない。
質問	What does Brian want Julie to do?	Why will the woman take the stairs?

POINT 2　人物の関係と場面・状況を正確に把握！

　人物の関係と場面は第 1 部の POINT 1 参照。第 2 部は第 1 部に比べて 1 回の発言がやや長くなっている。「誰が」「何を」「いつ」「どこで」「なぜ」「どのように」の 5W1H を意識しながら聞いていこう。

POINT 3　Question の疑問詞と主語・動詞に注意！

　会話の内容が理解できたとしても，その後の質問が聞き取れなければ解答することはできない。質問は What, Why で始まるものがほとんどだが，"Question" という放送の直後の疑問詞を注意して聞こう。また話者 2 人のうち，どちらについての質問なのか，何について聞かれているのか，主語・動詞を注意して聞くようにする。

例題 2

放送される英文:

☆：There are so many people at this shopping mall, Greg. Why is it so busy today?

★：Well, Ayaka, yesterday was Thanksgiving. Stores always have great sales after Thanksgiving Day.

☆：Oh, I don't like crowds. Maybe we should come back another day.

★：Good idea.

Question: Why doesn't Ayaka want to shop today?

選択肢：

1 The prices are too high.
2 The stores are very crowded.
3 She does not have time.
4 She already bought her presents.

(08-2)

訳

☆：グレッグ，このショッピングモールはすごい人ね。どうして今日はこんなににぎわっているの？
★：それはね，アヤカ，昨日が感謝祭だったからだよ。感謝祭の後，店はいつも大特売をやるんだ。
☆：そう，私，人混みは嫌だわ。別の日にまた来ましょうよ。
★：それがいいね。

質問：アヤカはなぜ今日買い物をしたくないのですか。
1 値段が高すぎるから。
2 店がとても混んでいるから。
3 時間がないから。
4 すでにプレゼントを買ってあるから。

解説

選択肢の prices, stores, crowded, She, bought, presents などの単語から，会話に店や人混みが登場し，質問は女性に関するものだと考えられる。まず，最初のアヤカの発言からショッピングモールを訪れた男女の会話であることをつかもう。アヤカの2回目の発言の I don't like crowds から正解は 2 だが，このほかにもアヤカの最初の発言中の so many people, so busy など，放送文には店の状況を表す表現がいくつか出てくる。このように，第2部では解答のヒントが複数か所にある問題も多い。

解答：2

Practice ● CD 4~13　　　　　　　　　　　　　　練習問題

対話を聞き，その最後の文に対する応答として最も適切なものを，放送される 1, 2, 3 の中から一つ選びなさい。

No. 1 ～ No. 6
(選択肢はすべて放送されます)

対話を聞き，その質問に対して最も適切なものを 1, 2, 3, 4 の中から一つ選びなさい。

No. 7　　1　At a school.
　　　　　　2　At a restaurant.
　　　　　　3　At a bank.
　　　　　　4　At a supermarket.

No. 8　　1　Since yesterday.
　　　　　　2　On engineering.
　　　　　　3　In the university.
　　　　　　4　From his e-mail.

No. 9　　1　He woke up late.
　　　　　　2　He was sick.
　　　　　　3　He had many things to do at home.
　　　　　　4　He went to see a doctor.

No. 10　　1　Study for tomorrow's test.
　　　　　　2　Play video games.
　　　　　　3　Help her cook dinner.
　　　　　　4　Go buy some cheese.

Answers ● CD 4~13　　　　　　　　解答と解説　　Term 1

No. 1
★：What's up, Rachel?
☆：I had my wallet stolen.
★：That's too bad! Have you reported it to the police?
1　I'm sorry.
2　Not yet.
3　Yes, I do.

> ★：どうしたの，レイチェル？
> ☆：お財布を盗まれてしまったの。
> ★：それはお気の毒！　警察には話したの？
> 1　ごめんね。
> 2　まだよ。
> 3　ええ，そうよ。

What's up? は「どうしたの？」「何かあったの？」「調子はどう？」などと相手の様子をうかがう表現。最後の疑問文 Have you reported it to the police? を注意して聞くのがポイント。「警察には話したの？」に対しては，2 の「まだよ」が適切。3 は Have you ～? に対して do で答えているので不適。　　　　　　　　　　　　　　　　　　　　　解答 2

No. 2
☆：Where should we meet?
★：How about in front of the theater?
☆：Fine. I'll see you at 5:30.
1　See you then.
2　You, too.
3　No, at the theater.

> ☆：どこでお会いしましょうか。
> ★：劇場の前はどう？
> ☆：それで結構です。5 時半に会いましょう。
> 1　では，そのときに。
> 2　君もね。
> 3　いや，劇場でだよ。

会う場所を相談している場面。会う場所を劇場前に決めた後で，I'll see you at 5:30.「5 時半に会いましょう」と言って一時別れるという流れである。1 の「では，そのときに」が別れのあいさつとして適切。　　　　　　　　　　　　　　　　　　　　　　　　解答 1

67

Answers

No. 3

★ : Excuse me, is this seat taken?
☆ : No. Let me move my bag.
★ : Thank you.
1 No problem.
2 It's my seat.
3 Your seat is here.

> ★：すみません。この席にはどなたかいらっしゃいますか。
> ☆：いいえ。荷物をどかしましょう。
> ★：ありがとうございます。
> 1 どういたしまして。
> 2 そこは私の席です。
> 3 あなたの席はこちらです。

No problem. は「問題ありません」「いいですよ」「大丈夫」のほかに，Thank you. に対して「どういたしまして」という意味でも用いられる。「どういたしまして」にはほかに You're welcome. や Don't mention it., Not at all. という言い方もある。

解 答 1

No. 4

☆ : Sorry, I was out when you called yesterday.
★ : Where did you go?
☆ : I went to the doctor because I had a bad cold.
1 I told you so.
2 That's too bad.
3 I hope so.

> ☆：すみません，昨日お電話をくださったときは外出していました。
> ★：どこへ行っていたのですか。
> ☆：ひどい風邪をひいていたので，医者に行きました。
> 1 あなたにそう伝えました。
> 2 それはお気の毒に。
> 3 そうだとよいです。

最終文の I went to the doctor because I had a bad cold. が聞き取りのポイント。何か困ったことがあったり，嫌な目にあったりした人に対して，同情の気持ちを表すときの表現は That's too bad. である。

解 答 2

No. 5

☆：Where do you live, Mr. Roberts?
★：I live in Drayton.
☆：Really? I live in the same town. I'd be glad to give you a ride.
1　Certainly, madam.
2　I'm very interested in it.
3　That's very kind of you.

> ☆：ロバーツさん，どちらにお住まいですか。
> ★：ドレイトンに住んでいます。
> ☆：本当ですか。私も同じ街に住んでいるんですよ。車でお送りします。
> 1　かしこまりました。
> 2　私はそれにとても興味があります。
> 3　ご親切にありがとうございます。

give ～ a ride [lift] で「～を車で送る」という意味になる。申し出に対するお礼は Thank you. のほかに That's very kind of you.「ご親切にありがとう」も覚えておくとよい。

解答 3

No. 6

★：I'd like to have this suit cleaned.
☆：Certainly, it won't take long.
★：When can I pick it up?
1　Tomorrow morning, sir.
2　No, you can't, sir.
3　It's not ready yet, sir.

> ★：このスーツをクリーニングしてほしいのですが。
> ☆：かしこまりました。それほど時間はかかりませんよ。
> ★：いつ受け取れますか。
> 1　明日の朝です。
> 2　いいえ，できません。
> 3　まだできていません。

＜ have ＋目的語＋過去分詞＞は「（目的語）を～してもらう」。pick ～ up は「～を取りに行く，拾い上げる，車で迎えに行く」。クリーニング店での対話であることをつかみ，対話最後の疑問文を注意して聞く。When ～？と「時」を尋ねているので，正解は 1。

解答 1

Answers

No. 7

★：Excuse me. May I have a menu, please?
☆：Yes, sir. Here you are.
★：Let me see … I'll have the roast beef with a green salad.
☆：Certainly, sir.
Question：Where are the man and the woman talking?

> ★：すみません。メニューをいただけますか。
> ☆：はい，お客さま。こちらでございます。
> ★：えーと…ローストビーフとグリーンサラダにします。
> ☆：かしこまりました。
> **質問**：男性と女性はどこで話をしていますか。
> 1　学校で。　　　　2　レストランで。
> 3　銀行で。　　　　4　スーパーで。

男性の最初の発言中にある menu から，レストランの会話であることがわかる。男性の2回目の発言中の I'll have the roast beef with a green salad もヒントになる。　**解答** 2

No. 8

☆：I got an e-mail from Steve yesterday.
★：Really? How's he doing?
☆：He says that he's studying engineering at the university.
★：That's good. He always said he wanted to do that.
Question：How did the girl get news about Steve?

> ☆：スティーブから昨日，Eメールをもらったのよ。
> ★：本当？　どうしているって？
> ☆：大学で工学を勉強しているんですって。
> ★：それはよかった。そうしたいっていつも言っていたからね。
> **質問**：女の子はスティーブのことをどうやって知りましたか。
> 1　昨日から。　　　2　工学について。
> 3　大学で。　　　　4　彼のEメールで。

この問いでは対話の概要を聞き取ることも大切だが，質問を正確にとらえることがポイント。質問は，「どのようにして」ということなので，解答は女の子の冒頭の発言にある「Eメールで」となる。　**解答** 4

No. 9

☆ : Hi, Bill. I didn't see you at the office yesterday.
★ : Well, I didn't feel well, so I stayed home in bed.
☆ : What was the problem?
★ : I had a bad cough and a fever.
Question : Why did Bill stay home yesterday?

> ☆：こんにちは，ビル。昨日あなたを会社で見かけなかったけど。
> ★：うん，気分が良くなくて，家で寝ていたんだ。
> ☆：どこが悪かったの？
> ★：せきがひどくて熱もあったんだ。
> 質問：ビルはなぜ昨日家にいたのですか。
> **1** 起きるのが遅かったから。　　　　**2** 病気だったから。
> **3** 家ですることがたくさんあったから。　**4** 医者に行ったから。

選択肢に He が並んでいるので，男性についての質問と予測できる。ビルの最初の発言 I didn't feel well, so I stayed home in bed. と，2回目の発言 I had a bad cough and a fever. から，彼が病気であったという状況をつかむ。　　　　　　　　　　　　　　**解答** 2

No. 10

☆ : Alex, will you go to the supermarket to get some cheese?
★ : Me again! Mom, I'm playing video games now. Ask Andrew.
☆ : Well, he is busy studying for tomorrow's exams. Can you, please, Alex?
★ : All right.
Question : What does Alex's mother want him to do?

> ☆：アレックス，チーズを買いにスーパーに行ってくれないかしら。
> ★：また僕だ！　母さん，僕は今テレビゲームをしているんだ。アンドリューに頼んでよ。
> ☆：アンドリューは明日の試験勉強で忙しいのよ。アレックス，お願い。
> ★：わかったよ。
> 質問：アレックスの母親は彼に何をしてもらいたいのですか。
> **1** 明日のテストの勉強をする。　　　　**2** テレビゲームをする。
> **3** 夕食を作るのを手伝う。　　　　　　**4** チーズを買いに行く。

選択肢に動詞が並んでいるので，人物の行動に注意して聞こう。母親がアレックスにしてもらいたいことが尋ねられている。母親の最初の発言がカギ。2 の Play video games. は今アレックスがしていることなので，間違えないように注意。　　　　　　**解答** 4

リスニング第3部

文の内容一致選択①

今日の目標
各トピックの傾向をおさえよう！

リスニング第3部は短い英文の聞き取りである。第2部までの会話に比べ，英文の内容を正確に聞き取る力が必要とされる。今日はまず，第3部の出題形式と出題される英文のトピックを見ていこう。

リスニング第3部

50語程度の英文とそれに関する質問を聞き，問題冊子に印刷された4つの選択肢から最も適切なものを選ぶ形式。第2部と同様，英文と質問は一度しか放送されない。

第3部の英文は，第2部までの男女の会話とは違って区切りがつけにくく，また，質問は最後に読まれるので，聞き取るべき情報を狙って聞くということができない。放送前にざっと選択肢に目を通し，質問を予測した上で英文を聞こう。そして英文の内容を自分で整理しながら聞き取り，その整理した内容から，最後に読まれる質問に答えるという流れで解いていくことになる。

POINT 1 放送文冒頭から英文のトピックをつかむ！

第3部の英文のトピックは，大まかに以下のように分けられる。
① ある人物に関する話題(ある人物の経験・趣味・経歴など)
② アナウンス(空港・学校・デパートなどの放送)
③ 社会的・文化的・科学的トピック(事物の歴史，文化的習慣・行事，動植物の生態などの説明)

英文のトピックは，放送文冒頭から判別できる。これがわかると聞き取るべきポイントが見えやすくなる。次ページから各トピックの内容を具体的に見ていこう。

POINT 2 「ある人物に関する話題」は５Ｗ１Hをおさえる！

第３部 10 問のうち，半分程度は「ある人物に関する話題」である。Yumiko is 〜，Martha had 〜など，人物の名前で英文が始まることが多い。第１文で人物と英文のテーマをつかみ，5W1H を整理しながら聞いていこう。

🔘 CD 14

例題 1

放送される英文：

Makoto went on a homestay to Vancouver last year. He stayed with the Wilson family. On weekdays, Makoto went to school with his host brother. After school, Makoto did his homework and then watched TV. On weekends, the Wilson family took him on sightseeing trips. Makoto enjoyed his homestay very much.

Question: What did Makoto do on weekends during his homestay?

選択肢：

1 He studied at school.　　2 He cleaned the house.
3 He did his homework.　　4 He went sightseeing.

(08-2)

訳

マコトは昨年，バンクーバーにホームステイに行った。彼はウィルソン一家のところに滞在した。平日には，マコトはホストブラザーと一緒に学校へ行った。学校が終わると宿題をし，それからテレビを見た。週末には，ウィルソン家の人たちが彼を観光旅行へ連れて行ってくれた。マコトはホームステイをとても楽しんだ。

質問：マコトはホームステイの間，週末に何をしましたか。
1 学校で勉強した。　　2 家の掃除をした。
3 宿題をした。　　4 観光に出かけた。

解説

まず，第２部と同様に選択肢にさっと目を通そう。He studied [cleaned, did, went] から，「彼」の行動について尋ねられると予測できる。第３部ではまず，冒頭の英文を注意して聞こう。Makoto went on a homestay から，マコトという少年のホームステイが話題だとわかる。On weekdays「平日に」ときたら，その後に On weekends「週末に」についても描写されると予測し，それぞれ何をしたのかを整理しながら聞こう。質問では，週末にしたことが問われている。

解答：4

POINT 3 「アナウンス」は用件をおさえる!

　第3部10問のうち1,2問は「アナウンス」である。校内放送,店内放送,空港・駅での案内,遊園地・球場でのお知らせなどが出題される。放送文冒頭のLadies and gentlemen, Welcome to ～, Attention, ～などからアナウンスであると判断できる。アナウンスは用件に注意して聞いていこう。

CD 15

例題2

放送される英文:

Attention, students. This is Principal Stevens. Please remember that the school lockers are going to be painted this weekend, so be sure to clean them out and take all your books home with you this afternoon. You may use the lockers again starting on Monday morning. Thank you.

Question: What does the principal tell the students to do in the afternoon?

選択肢:

1　Clean their classrooms.　　2　Take their books home.
3　Paint their lockers.　　　　4　Leave school early.

(07-1)

訳

生徒の皆さんに連絡します。校長のスティーブンズです。学校のロッカーは今週末に塗装を行いますので,今日の午後,必ず中を空にして,本はすべて家に持ち帰るようにしてください。ロッカーは月曜日の朝からまた使えます。以上です。

質問:校長は生徒たちに,午後何をするように言っていますか。
1　教室をきれいにする。　　　2　**本を家に持ち帰る。**
3　ロッカーの塗装をする。　　4　学校から早く帰る。

解説

選択肢のclassrooms, books, lockers, schoolなどの単語から,学校が話題であると予測しよう。また,選択肢には動詞が並んでいるので,動詞に注意して聞く。放送文は冒頭のAttention, students.から,アナウンスとわかる。用件は校長先生から生徒へのお知らせで,「塗装工事のためロッカーを空にするように」という指示である。be sure to clean them out and take all your books home with youを聞き取る。them ＝ the lockersが理解できているかどうかがポイント。

解答:2

Term 1

POINT 4 「社会的・文化的・科学的トピック」は内容をおさえる！

　第3部10問のうち1，2問は「社会的・文化的・科学的トピック」である。外国の行事や風習の説明，歴史上の人物の説明，環境問題などの社会的な問題，動物の生態の紹介などが出題される。ほかの2つのトピックに比べ，内容をきちんと整理して聞くことが重要である。

● CD 16

例題 3

放送される英文：

About one month before a wedding in the United States, a party is often held for the future bride. This party is called a bridal shower. At a bridal shower, a young woman about to get married receives gifts from her friends and family. It is also a chance for her to get advice about married life. Traditionally, only women attend bridal showers.

Question: What often happens at a bridal shower?

選択肢：

1　The future bride gives gifts.
2　The future bride buys a wedding dress.
3　The future bride gets advice.
4　The future bride meets young men.
(07-2)

訳

アメリカでは結婚式の約1か月前に，未来の花嫁のためにパーティーがしばしば開かれる。このパーティーはブライダルシャワーと呼ばれる。ブライダルシャワーでは，結婚間近の若い女性が友達や家族から贈り物を受ける。それはまた彼女が結婚生活についてアドバイスをもらう機会でもある。伝統的に，女性だけがブライダルシャワーに出席する。
質問：ブライダルシャワーでは，しばしばどんなことが起きますか。
1　未来の花嫁が贈り物をする。
2　未来の花嫁が結婚式のドレスを買う。
3　未来の花嫁がアドバイスをもらう。
4　未来の花嫁が若い男性と会う。

解説

選択肢から，質問は the future bride に関するものだと予測できる。冒頭の2文から，英文はアメリカの伝統行事「ブライダルシャワー」の説明であるとつかむ。ポイントは① is often held for the future bride, ② receives gifts, ③ get advice about married life, ④ only women attend の4点。

解答：3

Practice (CD 17~26)

英文を聞き，その質問に対して最も適切なものを 1, 2, 3, 4 の中から一つ選びなさい。

No. 1
1. She's too excited to relax.
2. She can't see the ocean view.
3. She gets seasick sometimes.
4. She spends more money on a ship.

No. 2
1. Buy women's formal clothes on sale.
2. Get a Harper's Department Store card.
3. Meet an Italian designer of ladies' clothes.
4. Have a chance to win a trip to France.

No. 3
1. To make many friends.
2. To have a big family.
3. So that everyone can sit together.
4. So that everyone can eat dinner quickly.

No. 4
1. An hour early.
2. To meet Jane.
3. On Saturday.
4. After her hiking trip with Jane.

No. 5
1. Report to the administration office.
2. Use the Internet to choose classes.
3. Make a new student ID number.
4. Avoid paying course fees online.

No. 6
1. Take a cooking class.
2. Have dinner at home.
3. Go to Mexico.
4. Go out to a Mexican restaurant.

No. 7 1 It is one of the oldest U.S. cities.
2 It has a river going around the city.
3 It is still a part of Britain.
4 It has over 300 colleges and universities.

No. 8 1 She went to her host family's house.
2 She went to the sea to swim.
3 She went to a seafood restaurant.
4 She went shopping near the sea.

No. 9 1 To attack other ants.
2 To keep their numbers.
3 So that other ants can protect the queen.
4 So that other ants can live.

No. 10 1 He didn't put stamps on the letter.
2 He forgot to write his name and address.
3 He failed to put his photo in the letter.
4 He spent almost two hours writing the letter.

Answers CD 17~26

No. 1
Cindy likes traveling by ship better than by plane. Traveling by ship, of course, takes much more time, but the ocean view is excellent. She also has more time to relax on a ship. The only problem for her is that she sometimes gets seasick.
Question : What problem may Cindy have when traveling by sea?

> シンディーは飛行機よりも船の旅が好きだ。もちろん，船旅はずっと時間がかかるが，海の景色はすばらしい。それに，船の上ではリラックスする時間がずっと多い。彼女にとって1つだけ問題なのは，彼女はときどき船酔いすることである。
> 質問：船旅でシンディーにはどんな問題がありそうですか。
> **1** 興奮しすぎてリラックスできない。　**2** 海の景色を見ることができない。
> **3** ときどき船酔いする。　　　　　　　**4** 船旅はよりお金がかかる。

選択肢の ocean, seasick から海や船についての英文と予測する。第1文からシンディーと船旅が話題。get seasick は「船酔いする」。　　　　　　　　　　　　　　　解答 **3**

No. 2
Welcome, shoppers. Let me tell you about a great special at Harper's Department Store. Ladies' formal clothing is now 15% off the regular price and 20% if you have a Harper's Card. This includes top brands from Italy and France, and our Harper's store brand. All ladies' items are on Floor 7. This sale is for today only!
Question : What can shoppers do on Floor 7?

> お買い物の皆さま，いらっしゃいませ。ハーパーデパートのお買い得商品のご案内です。レディースフォーマルがただ今，通常価格の15％割引で，もしハーパーカードをお持ちの場合には20％割引でお求めになれます。割引対象にはイタリアやフランスのトップブランド，そして私どもハーパーブランドの商品も含まれます。女性用品は7階でございます。この特売は本日限りです！
> 質問：買い物客は7階で何ができますか。
> **1** レディースフォーマルを特価で買う。
> **2** ハーパーデパートのカードを手に入れる。
> **3** イタリアの女性服デザイナーに会う。
> **4** フランス旅行獲得のチャンスがある。

冒頭の Welcome, shoppers. と Harper's Department Store から，デパートでのアナウンスであることをつかむ。用件は女性服の特売のお知らせで，質問もこの点が問われている。　　　　　　　　　　　　　　　　　　　　　　　　　　　　　　　　解答 **1**

No. 3

The Coopers have a new table in their dining room. The table is very big, so twelve people can sit together. The Coopers have a big family and many friends. They are happy because now everyone can sit at the same table whenever they have a family dinner.

Question : What did the Coopers buy a new table for?

> クーパー家にはダイニングルームに新しい食卓がある。その食卓はとても大きく，12人の人が一緒に座ることができる。クーパー家は大家族で友人も多い。今では，家族で夕食をとるときはいつでもみんなが同じテーブルに座れるので，彼らはとても喜んでいる。
> 質問：クーパー家は，何のために新しい食卓を買ったのですか。
> **1** 友人をたくさん作るため。　　**2** 大家族を持つため。
> **3** 全員が一緒に座れるように。　**4** 全員が夕食をすぐに食べられるように。

クーパー家の食卓が話題。最終文 now everyone can sit at the same table を聞き取る。質問文の What 〜 for? は「何のために〜なのか」という意味。　　　　解答 **3**

No. 4

Mami and Jane planned to go hiking this weekend. On Saturday, Mami got up very early, made a picnic lunch, and went to the station. She waited there for an hour, but Jane didn't show up. Finally, Mami realized they had planned to go hiking on Sunday.

Question : When did Mami go to the station?

> マミとジェーンは今週末ハイキングに行く計画を立てた。土曜日，マミはとても早く起きてピクニックの昼食を作り，駅へ行った。彼女は1時間そこで待ったが，ジェーンは現れなかった。結局，マミは自分たちが日曜日にハイキングに行く計画を立てていたことに気がついた。
> 質問：マミはいつ駅に行きましたか。
> **1** 1時間早く。　　　　　　　**2** ジェーンに会うため。
> **3** 土曜日に。　　　　　　　　**4** ジェーンとのハイキングの後で。

マミとジェーンのピクニックの計画が話題。第2文の On Saturday と最終文の on Sunday から，マミが日曜日に予定していたハイキングを土曜日と勘違いしたことをつかむ。　　　　解答 **3**

Answers

No. 5
Attention, students. This year, there are a large number of new students. You can expect waiting lines of up to 2 hours in the administration office to choose classes and pay course fees. A better way to do this is online. Just go to our university's website, and log in using your student ID number. Doing this will save you time.
Question: What does the announcement suggest?

> 学生の皆さんにお知らせします。本年度は新入生の数が非常に多いために，授業の選択や授業料の支払いに大学事務局で最大2時間ほどの待ち時間が予想されます。おすすめの方法はオンラインです。大学のウェブサイトに行き，自分のID番号を使ってログインするだけです。こうすれば時間の節約になります。
> 質問：放送は何を勧めていますか。
> 1 大学事務局に報告する。
> 2 授業の選択にインターネットを使う。
> 3 新しい学生ID番号を作る。
> 4 オンラインでの授業料支払いを避ける。

大学から学生へのお知らせのアナウンスである。用件は，授業の選択や授業料の支払いをオンラインでする方が便利だということである。　　　　　　　　　　解答 2

No. 6
Mrs. Jones loves Mexican food. Almost every weekend she goes out to a Mexican restaurant with her husband. One day, while walking on the street, she found a notice about a Mexican cooking class. Now, she is taking the class and enjoys cooking Mexican food herself.
Question: What do Mr. and Mrs. Jones do almost every weekend?

> ジョーンズさんはメキシコ料理が好きだ。ほとんど毎週末，彼女は夫とメキシコ料理店に出かける。ある日，通りを歩いていると，メキシコ料理の講座の貼り紙を見つけた。今，彼女はその講座を受講し，メキシコ料理を作って楽しんでいる。
> 質問：ジョーンズ夫妻はほとんど毎週末，何をしますか。
> 1 料理の講座を受ける。　　　2 家で夕食を食べる。
> 3 メキシコに行く。　　　　　4 メキシコ料理店に出かける。

ジョーンズさんとメキシコ料理が話題。夫妻で行くのはメキシコ料理店で，料理の講座を受けているのはジョーンズさんだけであることに注意。「毎週末（every weekend）」と「今（Now）」など，「時」に関する表現に注意して情報を整理して聞こう。　　解答 4

No. 7

Boston is one of the oldest cities in the United States. Some homes and buildings there are over 300 years old. They were built when the United States was still part of Britain. In and around Boston, there are dozens of colleges and universities, including Harvard and MIT. The Charles River also runs through the city, so people can see many kinds of boats.

Question: What is one reason that Boston is special?

> ボストンはアメリカで最も古い都市の1つだ。そこにある家や建物の中には300年以上前のものもある。それらはまだアメリカがイギリスの一部だったころに建てられた。ボストン市内やその周辺には，ハーバードやMIT（マサチューセッツ工科大学）を含む多くの大学がある。チャールズ川も市内を流れているので，多くの種類の船を見ることができる。
> 質問：ボストンが特別である理由の1つは何ですか。
> **1** それはアメリカの最も古い都市の1つである。
> **2** そこには都市の周りを流れる川がある。
> **3** それはまだイギリスの一部である。
> **4** そこには300以上の大学がある。

アメリカの都市ボストンの紹介が話題。ボストンが歴史ある都市であること，大学が多いこと，チャールズ川が市内を流れていることが説明されている。選択肢の中でこの内容に合致するのは **1** だけである。

解答 **1**

No. 8

Last summer, Yukiko had a chance to stay with an American family in the suburbs of San Francisco. There were two daughters and one son in the family. The two daughters were her age, so she had a wonderful time. One day, they went downtown and rode the famous cable cars. Later, their father and mother took them to a seafood restaurant, and Yukiko enjoyed various kinds of seafood. She felt like she was with her real family.

Question: Where did Yukiko go after riding the cable cars?

> この前の夏，ユキコはサンフランシスコ郊外のアメリカ人一家のところに滞在する機会があった。一家には娘が2人と息子が1人いた。娘たちは彼女と同じ年ごろだったので，とても楽しかった。ある日，彼らは町に出て，有名なケーブルカーに乗った。その後，両親が彼らをシーフードレストランに連れて行き，ユキコはいろいろな種類のシーフードを楽しんだ。彼女は本当の家族と一緒にいるように感じた。
> 質問：ケーブルカーに乗った後，ユキコはどこに行きましたか。
> **1** 彼女はホストファミリーの家に行った。
> **2** 彼女は海に泳ぎに行った。
> **3** 彼女はシーフードレストランに行った。

Answers

> 4 彼女は海の近くに買い物に行った。

ユキコのアメリカでのホームステイが話題。One day 以下の内容を時間の流れに沿って整理して聞き取れているかがポイント。

解答 3

No. 9

Ants often die for the rest of the group. For example, many ants are often killed while looking for food or defending their ant nest. Because they give up their lives, other ants benefit a great deal. All ants in any nest come from the same queen. They are actually one big family. When an ant dies, it helps the other family members live.

Question: Why do ants choose to die?

> アリはしばしば自分のグループのほかのアリのために死ぬ。例えば，多くのアリはえさを探したり巣を守ったりする際にしばしば死ぬ。なぜなら彼らが命を捨てることで，ほかのアリがたくさんの恩恵を得るからである。同じ巣のアリはすべて同じ女王アリから生まれる。彼らは実際に1つの大きな家族である。1匹のアリが死ねば，それはほかの家族が生き延びるのを助けたことになるのである。
> 質問：アリはなぜ死を選ぶのですか。
> 1 ほかのアリを攻撃するため。
> 2 数を保つため。
> 3 ほかのアリが女王アリを守れるようにするため。
> 4 ほかのアリが生きられるようにするため。

アリの生態を説明した科学的なトピックである。冒頭の文と最後の文にアリがなぜ死ぬのかが説明されている。

解答 4

No. 10

Kenji has a pen pal in New Zealand. Yesterday he spent almost two hours writing a letter in English. He had to use both English-Japanese and Japanese-English dictionaries many times. But at last he finished writing the letter, and he was very happy. He hurried to the post office nearby, mailed the letter, and returned home. To his great surprise, on his desk he found a photo which he thought he had enclosed.

Question: Why was Kenji very surprised when he returned home?

> ケンジはニュージーランドにペンフレンドがいる。昨日，彼は英語で手紙を書くのに2時間近く費やした。英和辞典と和英辞典を何度も使わなくてはならなかった。でもついに書き上げて，彼はとてもうれしかった。彼は近くの郵便局に急いで行って手紙を出し，家に帰った。彼がとても驚いたことに，彼の机の上には，手紙に入れたと思っていた写真があった。
> 質問：ケンジは家に帰ったときなぜとても驚いたのですか。

1 彼は手紙に切手を貼らなかったから。
2 彼は自分の名前と住所を書き忘れたから。
3 彼は手紙の中に自分の写真を入れ損ねたから。
4 彼は手紙を書くのに2時間近く費やしたから。

ケンジがペンフレンドに英語の手紙を書いたことが話題。ケンジが驚いたことは本文の最後に説明されている。**3**の fail to ～は「～し損なう」。

解答 3

レビューテスト

Term 1 第10日

筆記 45分 / リスニング 約12分

解答用紙は p.231

1 次の (1) から (15) までの (　　) に入れるのに最も適切なものを 1, 2, 3, 4 の中から一つ選び，その番号を解答用紙の所定欄にマークしなさい。

(1)　*A*: When will they (　　) our flight to leave?
　　　B: As soon as this bad weather clears up.
　　　1 include　　**2** allow　　**3** remember　　**4** accept

(2)　The football stadium was filled with (　　) who had come to see the game.
　　　1 activities　　**2** views　　**3** competitions　　**4** spectators

(3)　The food at the party tasted so (　　) that I couldn't eat a single bite.
　　　1 awful　　**2** empty　　**3** tight　　**4** sharp

(4)　Last summer, my friends and I often (　　) bikes to ride to the park by the lake.
　　　1 asked　　**2** paid　　**3** broke　　**4** rented

(5)　Fred was very happy about his big (　　) of being accepted by a top university.
　　　1 recovery　　**2** agreement　　**3** money　　**4** achievement

(6)　The beautiful snow in Boston (　　) me of my parents' home in Hokkaido.
　　　1 disappoints　　**2** reminds　　**3** considers　　**4** recognizes

(7) *A*: You didn't come home on time, Chris.
　　　 B: I'm really sorry, Mom. I have no (　　　).
　　　 1 opportunity　2 admission　3 excuse　4 reform

(8) 　Linda was surprised to (　　　) into an old American classmate in Kyoto. They were both on vacation.
　　　 1 take　2 pick　3 call　4 run

(9) 　London is a very large city, so it is easy to lose one's (　　　) while walking around.
　　　 1 origin　2 effect　3 turn　4 way

(10) 　Tomoko became quite (　　　) with the Irish lifestyle after living in Dublin for several months.
　　　 1 necessary　2 strong　3 full　4 familiar

(11) 　Mrs. Johnson (　　　) the role of both working woman and mother.
　　　 1 plays　2 catches　3 supports　4 spends

(12) 　Harold had to break his (　　　) to go to dinner with his girlfriend. He had to study for his final math exam.
　　　 1 truth　2 promise　3 opinion　4 value

(13) 　The teacher usually (　　　) her students think a while before solving a problem.
　　　 1 talked　2 had　3 delayed　4 damaged

(14) 　Yesterday, Patty saw her old friend (　　　) the bookstore.
　　　 1 had entered　2 to enter　3 entering　4 entered

(15) 　At the buffet, a person can help oneself to (　　　) of the dishes being offered.
　　　 1 little　2 every　3 any　4 neither

2
次の三つの会話文を完成させるために，**(16)** から **(19)** に入るものとして最も適切なものを **1, 2, 3, 4** の中から一つ選び，その番号を解答用紙の所定欄にマークしなさい。

(16) *A*: What about a game of chess?
  B: (**16**) But I'd prefer to watch TV tonight, actually. Do you play a lot of chess?
  A: Yes, it helps me relax.
  B: Hmm … maybe I will play with you, then.
  1 That's kind of you. 2 It's my pleasure.
  3 I certainly do. 4 More than enough.

---

(17) *A*: Today is your first day at school, Billy. Are you nervous?
  B: Not really, but I forgot the way to the bus stop. (**17**)
  A: Don't worry. I'll walk with you.
  B: Thanks a lot, Mom.
  1 Could you tell me the way?
  2 Is that right?
  3 How can I sign up for it?
  4 When do I begin?

  A: Hello. I'm calling about an item I ordered.
  B: OK. Who did you order it from?
  A: Mr. Ross. Could I speak with him, please?
  B: I'm sorry. He's not here now. (**18**)
  A: Maybe you could help me?
  B: I'll try. Do you have your purchase number?
  A: (**19**) I'll have to find it and then call you back.
  B: OK, ma'am.

(18) 1 Who are you calling for? 2 Could I take a message?
   3 When is a good time? 4 Would you repeat that?

(19) 1 No, thank you. 2 Very much.
   3 In a while. 4 Not with me.

3 次の英文がそれぞれ完成した文章になるように，その文意にそって **(20)** から **(22)** までの 1 から 5 を並べ替えなさい。そして 2 番目と 4 番目にくる最も適切なものを一つずつ選び，その番号を解答用紙の所定欄にマークしなさい。ただし，(　　) の中では文頭にくる語も小文字で示してあります。

(20)　*A*: What's our homework for this evening? I hope the professor didn't give us too much.
　　　B: (　　　) I missed the class today, too.
　　　1 I　　　　　2 idea　　　　　3 have
　　　4 because　　5 no

(21)　(　　　), ranging from handbags to dresses, there may be no better producer in the world than Italy.
　　　1 comes to　2 it　　　　　3 fashion
　　　4 luxury　　5 when

(22)　Although I'm usually shy, (　　　) after my new co-workers asked me to sing at my welcome party.
　　　1 couldn't　　2 keep　　　　3 singing
　　　4 from　　　　5 I

Mae West

In the early days of Hollywood, there were only certain roles for women. Male actors took the lead as heroes, and women played supporting roles. These early actresses had to be ladylike and pure. However, one woman forever changed the role of Hollywood actresses with her (23). Her name was Mae West.

Born in 1893 in New York City, West began performing as a dancer and singer from childhood. She lacked a (24) education, but by 1926, she was nevertheless writing her own stage plays. Her play *Diamond Lil* was a huge success on Broadway. After her appearance in the movie *Night After Night* in 1932, she became a superstar. Her second film, *She Done Him Wrong*, was another hit, and it was based on a play that she herself had written earlier. West's following movies made her so popular that by 1936, she was making more money than any other woman in America.

West was not only a talented actress and writer. Her roles in movies showed women as intelligent and independent. Her language was also funny, but often not very ladylike and even rude at times. She talked quite openly about relationships between men and women in her movie roles. This is something that had never occurred in Hollywood before. This shocked some audiences, and West was even arrested by the police for one play she wrote. However, her movies continued to be very successful. Her refusal to (25) traditional ideas of an American woman had a strong influence on the entire country. Even today, Mae West is often studied in many sociology and women's studies courses.

(23)　1　achievements　2　articles　3　details　4　varieties
(24)　1　sharp　2　rough　3　tight　4　full
(25)　1　fit　2　cancel　3　recover　4　complain

5 次の英文 [A], [B] の内容に関して，(26) から (32) までの質問に対して最も適切なものを 1, 2, 3, 4 の中から一つ選び，その番号を解答用紙の所定欄にマークしなさい。

[A]

From: Christine Line <christine824@midcomonline.net>
To: Reiko Koga <reiko937@japansupertel.jp>
Date: May 9, 2009
Subject: Your Visit

Dear Reiko,

I'm so happy that you're planning on flying from Osaka to visit me in Chicago next week. I think you'll have a great time here. I'm writing you to describe a few things about my hometown.

Chicago is the 3rd largest city in America, with about 3 million people. There will be all kinds of things to do here: we have museums, sports stadiums, parks, and so much more. We can also get around in the city easily using the subway. I promise that you'll never have a boring day while you're here.

Chicago is famous for its cold winters, much colder than Japan. The city's nickname is "Windy City," because the wind blows so hard here during that time. Don't worry, though, the summer is very hot and the spring and autumn are nice and pleasant. The autumn leaves in this city are also wonderful.

Please e-mail me back as soon as you can. Don't forget to send me your arrival time and flight number. My parents and I will pick you up from the airport. I'm really looking forward to seeing you soon, Reiko!

All the best,

Christine

(26) Why is Christine writing an e-mail to Reiko?
1 To ask her to visit in winter.
2 To learn more about Tokyo.
3 To see if she can visit Reiko.
4 To tell her about Chicago.

(27) What does Christine say about her hometown?
1 It has more people than New York City.
2 It is easy to get around by car.
3 It has so many things to enjoy.
4 It is similar to Reiko's hometown.

(28) Which of the following statements is true?
1 Christine wants to get Reiko's flight information.
2 Christine will not be able to pick up Reiko.
3 Reiko may get bored during her visit to Chicago.
4 Reiko is recommended by Christine to visit in the autumn.

[B]

North American Chinatowns

Chinatowns can be found in almost every country in the world. They range in size from a few blocks to several square kilometers. North America has several large Chinatowns. The ones in Vancouver, New York and San Francisco are well known. San Francisco has the largest one outside of Asia. Chinatowns often attract tourists in great numbers. They enjoy visiting the various shops filled with food, art, and even music or DVDs from China. They can also enjoy looking at Chinese-style gates, temples, and buildings that are in the area. The largest Chinatowns actually earn millions of dollars each year from these visitors.

North American Chinatowns have long been considered the first place for immigrants from China. Second or third-generation Chinese usually live in other areas. However, many friendship groups can be found in Chinatowns. They maintain cultural and business ties to Chinese who have long since left for other parts of North America. These groups also stay in contact with China as well.

Chinatowns of today face many new challenges. Some Chinatowns, such as those in Seattle or New York, need money to repair older buildings. Chinatown citizens are also worried about the many (mostly non-Chinese) homeless people. These homeless people are usually harmless, but they reduce the tourist and shopping appeal of the areas. Other than money from tourists, Chinatowns depend on their small businesses that create clothes, toys, or other goods. However, nowadays their prices are higher than those of companies that make the same items in Southeast Asia or even China.

Despite these challenges, North American Chinatown leaders believe their areas will continue to grow. Many are upgrading to modern, dynamic "Chinatown 2.0s." Even North America's largest and most traditional Chinatowns all have websites, for instance, to market themselves all over the world.

(29) What is one reason tourists visit Chinatowns in North America?
1 To borrow money from banks.
2 To make traditional clothes.
3 To look at unique structures.
4 To sell food from China.

(30) What is a function of Chinese friendship associations?
1 Keeping in touch with non-Chinese in America.
2 Maintaining connections to Chinese in North America.
3 Locating Chinatowns in other parts of North America.
4 Maintaining cultural standards within each Chinatown.

(31) According to the article, what is one challenge some Chinatowns face?
1 Many Chinatown residents are becoming homeless.
2 Chinatown shopping prices are becoming too low.
3 Chinatown companies face competition from overseas.
4 Chinatowns are failing to upgrade their websites.

(32) Which of the following statements is true about Chinatowns?
1 They attract back more Chinese who left them.
2 They serve a wide variety of cultural and business functions.
3 They successfully outperform Southeast Asian firms.
4 They prefer traditional marketing to modern marketing.

準2級リスニングテストについて

1. このリスニングテストには，第1部から第3部まであります。
   ☆英文はすべて一度しか読まれません。
   第1部……対話を聞き，その最後の文に対する応答として最も適切なものを，放送される 1, 2, 3 の中から一つ選びなさい。
   第2部……対話を聞き，その質問に対して最も適切なものを 1, 2, 3, 4 の中から一つ選びなさい。
   第3部……英文を聞き，その質問に対して最も適切なものを 1, 2, 3, 4 の中から一つ選びなさい。
2. No. 15 のあと，10秒すると試験終了の合図がありますので，筆記用具を置いてください。

第1部

CD 27~32

No. 1 〜 No. 5
（選択肢はすべて放送されます）

第 2 部

No. 6
1 By car.
2 By bicycle.
3 By subway.
4 By bus.

No. 7
1 She got help from Katie.
2 She worked with Japanese people.
3 She learned the language at university.
4 She made friends with people from Japan.

No. 8
1 Her friend is visiting.
2 Her father bought pizza.
3 Her dinner is ready.
4 Her mother is sick.

No. 9
1 The dress is on sale.
2 The sale is over.
3 The dress is sold out.
4 The sale starts tomorrow.

No. 10
1 A grocery shop.
2 A bookstore.
3 A movie theater.
4 A clothes outlet.

第3部

CD 39~44

No. 11
1. They have many choices.
2. They are very cheap.
3. They are easy to carry.
4. They can be borrowed for free.

No. 12
1. It has many places for pets and their owners.
2. It has various kinds of unique dogs.
3. It has discounts for pet owners.
4. It has a special school for pets.

No. 13
1. He has to study hard in his courses.
2. He has to choose a good university.
3. He has to improve his medical skills.
4. He has to learn to be a caring person.

No. 14
1. The teachers will have a meeting.
2. The cafeteria will close.
3. The cafeteria menus will change.
4. The school office will serve meals for staff.

No. 15
1. Wear formal clothing.
2. Make special food.
3. Dance in the streets.
4. Travel around the world.

Answers

解答一覧

筆記

1

問題	(1)	(2)	(3)	(4)	(5)	(6)	(7)	(8)	(9)	(10)	(11)	(12)	(13)
解答	2	4	1	4	4	2	3	4	4	4	1	2	2

問題	(14)	(15)
解答	3	3

2

問題	(16)	(17)	(18)	(19)
解答	1	1	2	4

3

問題	(20)	(21)	(22)
解答	3-2	2-4	1-2

4

問題	(23)	(24)	(25)
解答	1	4	1

5A

問題	(26)	(27)	(28)
解答	4	3	1

5B

問題	(29)	(30)	(31)	(32)
解答	3	2	3	2

リスニング

第1部

問題	No. 1	No. 2	No. 3	No. 4	No. 5
解答	3	3	3	3	1

第2部

問題	No. 6	No. 7	No. 8	No. 9	No. 10
解答	2	3	3	1	2

第3部

問題	No. 11	No. 12	No. 13	No. 14	No. 15
解答	3	1	4	2	3

筆記 1　問題 p.84 〜 85

(1) A：私たちの便はいつ出発の許可が出るの？
B：この悪天候が解消すればすぐにだね。

＜ allow ＋目的語＋ to *do* ＞で「(目的語) が〜するのを許可する」。include「含む」，remember「覚えている」，accept「受け入れる」。　**解答 2**

(2) そのフットボール場はその試合を見に来た観客でいっぱいだった。

be filled with 〜は「〜でいっぱいである」という意味の熟語。フットボール場をいっぱいにするのは何であるのかを考える。activity「活動」，view「眺め」，competition「競技」。　**解答 4**

(3) パーティーでの料理はとてもまずかったので，私は少しも口にできなかった。

so 〜 that …「とても〜なので…」の構文に注意する。taste 〜「〜の味がする」の意味に合う形容詞を選ぶ。empty「空の」，tight「ぴったりとした」，sharp「鋭い」。　**解答 1**

(4) この前の夏，友人たちと私はよく自転車を借りて，湖のそばの公園まで乗って行った。

空所直後の bikes を目的語にとって意味が通じるものを選ぶ。正解は 4 の rent(ed)で「賃借り［賃貸し］する」。3 の broke では to ride 以下の意味と合わない。　**解答 4**

(5) フレッドは一流大学に入学を許可されたという大きな達成にとても喜んでいた。

being accepted by a top university を表すのに適切な名詞はどれかを考える。正解の achievement は「達成，業績，偉業」。recovery「回復」，agreement「同意」，money「お金」。　**解答 4**

(6) ボストンのきれいな雪を見ると，私は北海道にある実家を思い出す。

＜ remind ＋人＋ of 〜＞で「(人) に〜を思い出させる」。remind はこの問題文のように無生物主語をよくとる動詞。disappoint「失望させる」，consider「熟考する」，recognize「認識する」。　**解答 2**

(7) A：クリス，あなた時間通りに帰ってこなかったわね。
B：本当にごめんなさい，お母さん。何も言い訳できません。

名詞 excuse には「言い訳」という意味があるので注意しよう。opportunity「機会」，admission「入場(料)」，reform「改革」。　**解答 3**

Answers

(8) リンダは京都で昔からのアメリカ人のクラスメートと偶然会って驚いた。彼女らはともに休暇中だった。

run into ～で「～と偶然会う」という意味。類似表現に run [come] across ～がある。
解答 4

(9) ロンドンはとても大きな都市なので，歩き回っていると道に迷いやすい。

lose *one's* way で「道に迷う」。be lost という言い方もあるので一緒におさえておこう。
解答 4

(10) トモコは，数か月ダブリンで生活した後，アイルランドの生活がよくわかるようになった。

be familiar with ～で「～がわかっている，～になじみがある」という意味。
解答 4

(11) ジョンソン夫人は働く女性と母親の両方の役割を果たしている。

play a role of ～ で「～の役割を果たす」という意味。＜play a ＋形容詞＋ part in ～＞「～において…な役割を果たす」という形でも用いられる。
解答 1

(12) ハロルドはガールフレンドと夕食に行く約束を破らなければならなかった。期末の数学の試験に向けて勉強しなければならなかったのだ。

break と結びつくものはどれかを考える。break *one's* promise で「約束を破る」。ちなみに「約束を守る」は keep *one's* promise と表す。
解答 2

(13) その先生はふつう，問題を解く前に生徒にしばらく考えさせた。

think が原形になっていることに着目。have は使役動詞の１つ。＜have ＋目的語＋原形不定詞＞で「(目的語)に～させる」という意味。
解答 2

(14) 昨日，パティは彼女の昔からの友人が書店に入っていくところを見た。

＜see ＋目的語＋現在分詞＞で「(目的語)が～しているところを見る」という意味。
解答 3

(15) ビュッフェでは，出されている料理のどれでも自由にとって食べることができる。

肯定文中の any は「どれでも」の意味。help *oneself* to ～「～を自由に食べる[飲む]」もおさえておこう。
解答 3

筆記 2　問題 p.86

(16)　
A: チェスを一局どう？
B: ご親切にありがとう。でも，今夜はどちらかというとテレビを見る方がいいなあ。チェスはよくするの？
A: うん。チェスをするとリラックスできるからね。
B: へえ。それならやってみようかな。

チェスの誘いにどう答えるか，空所直後の but に注意して考える。この時点では，B はチェスをやる気がないので，2「喜んで」や 3「やりましょう」は不適。4 の「必要以上だよ」も意味をなさない。
解答 1

(17)　
A: ビリー，今日は学校初日ね。緊張している？
B: そうでもないよ。でも，バス停への道を忘れちゃった。行き方を教えてくれる？
A: 心配しないで。一緒に行くわ。
B: ありがとう，お母さん。

空所前で B が「バス停への道を忘れた」と言い，空所後で A が「心配しないで」と言っていることから，B はバス停への行き方を尋ねたと判断する。3 は「どうやってそれに応募したらいいの？」という意味。
解答 1

(18)(19)　
A: もしもし。注文した商品について電話をしたのですが。
B: 承知いたしました。どの者にご注文いただいたのでしょうか。
A: ロスさんです。ロスさんはいらっしゃいますか。
B: 申し訳ありません。ロスは今，不在です。伝言を承りましょうか。
A: あなたにお願いしてもよいかしら？
B: おうかがいします。購入番号はわかりますか。
A: 今，手元にありません。見つけて，後で折り返し電話します。
B: 承知しました，お客さま。

(18) 空所直前で「ロスは今，不在です」と担当者がいないことを客に告げた後，店員が何と言うかを考える。Could I take a message?「伝言を承りましょうか」は電話での定型表現。
解答 2

(19) 空所直前の疑問文「購入番号はわかりますか」に A がどう答えるのかを考える。空所直後の発言から，今，手元にはその番号がないことがわかる。正解は 4 で，これは I don't have it with me. と同じ意味である。
解答 4

Answers

筆記 3　問題 p.87

(20) A: 今夜の宿題は何かしら。先生があまり多く出していないとよいのだけど。
B: 僕にはよくわからないなあ。僕も今日，授業を休んだから。

与えられた選択肢から，I have no idea.「私にはわかりません」を見抜くのがポイント。A に宿題のことを聞かれた B がこう答えたのである。

▶正しい語順：I have no idea because　　　解答 3-2

(21) ハンドバッグからドレスにいたるまでぜいたくなファッションといえば，イタリアほど優れた生産国は世界にないかもしれない。

与えられた選択肢から，when it comes to ~「~といえば」を見抜けるかどうかがポイント。range from A to B は「A から B まで及ぶ」。

▶正しい語順：When it comes to luxury fashion　　　解答 2-4

(22) 私はふつう恥ずかしがり屋だが，私の歓迎会で同僚になったばかりの人が私に歌うように求めたとき，歌わないではいられなかった。

Although に導かれた従属節の後なので，＜主語＋（助）動詞～＞と続くと考え，I couldn't keep と並べる。keep (oneself) from ~ は「~しないようにする」という意味の熟語。

▶正しい語順：I couldn't keep from singing　　　解答 1-4

筆記 4　問題 p.88

全訳

メイ・ウエスト

　ハリウッドの初期の時代，女性にはある特定の役しか与えられていなかった。男性の俳優が主人公として先導し，女性は脇役を演じた。これらの初期の女優たちは淑女らしく純粋でなければならなかった。しかし，ある女性が偉業を成し遂げ，ハリウッド女優の役をその後ずっと変えたのである。彼女の名前はメイ・ウエストといった。

　ウエストは，1893 年にニューヨーク市で生まれ，子どものころからダンサーや歌手として活動を始めた。彼女は十分な教育を受けていなかったが，それにもかかわらず，1926 年までには自分自身の舞台演劇の脚本を執筆していた。彼女の演劇『ダイアモンド・リル』はブロードウェーで大成功を収めた。1932 年に『夜毎来る女』という映画に出演したのち，彼女はスーパースターになった。彼女の 2 本目の作品『わたしは別よ』も当たり，それは彼女自身が初期に書いた脚本をベースにしていた。ウエストは，それに続く映画で

大人気となり，1936年までにアメリカのほかのどの女性よりも収入を得ていた。
　ウエストは単に才能のある女優や脚本家だったわけではなかった。映画での彼女の役は女性が知的で独立した存在であることを示した。彼女の言葉遣いも変わっていたが，しばしばそれはあまり女性らしくなく，ときに無礼なことさえもあった。彼女は映画の役の中で男女の関係について非常にあからさまに話した。これはそれ以前のハリウッドではあり得なかったことだった。これに衝撃を受ける観客もいて，ウエストは自分の書いた脚本が理由で警察に逮捕されたことさえあった。しかし，彼女の映画は大成功を収め続けた。彼女が伝統的なアメリカの女性像**に合わせる**のを拒否したことは，アメリカ全体に強い影響を与えた。今日でも，メイ・ウエストは多くの社会学や女性学の講義でしばしば取り上げられている。

(23)　1　**偉業**　　　2　記事　　　3　詳細　　　4　多様性

その後のハリウッド女優の役を変えることになったのは，ウエストの何だったのかを考える。後に述べられている彼女のさまざまな経歴から，それは1の「偉業」であると判断できる。
解答 1

(24)　1　鋭い　　　2　粗い　　　3　ぴったりした　　　4　**十分な**

直後のeducationを修飾する語としてどれが一番自然かを考える。同じ文の後半にあるnevertheless「それにもかかわらず」から，彼女が学校教育を十分に受けていなかったと考えられる。
解答 4

(25)　1　**に合わせる**　　　　　　2　を中止する
　　　3　回復する　　　　　　　4　不平を言う

空所を含む文の主部はHer refusal … an American womanであることを見抜く。アメリカ全体に強い影響を与えたのは，traditional ideas of an American womanにどうすることの拒否かを考える。
解答 1

筆記 5A　問題 p.89〜90

全訳

送信者：クリスティーン・ライン <christine824@midcomonline.net>
受信者：レイコ・コガ <reiko937@japansupertel.jp>
日付：2009年5月9日
件名：あなたの訪問

レイコへ

Answers

　来週あなたがシカゴの私を訪ねて，大阪から飛行機で来る予定でいるなんて，とてもうれしいわ。シカゴではとても楽しい時間を過ごせると思うわよ。私の地元についていくつか説明するために，Eメールを書くわね。

　シカゴは人口が約300万人で全米第3位の都市よ。ここではあらゆることができるわ。博物館，スタジアム，公園や，いろんなものがあるの。地下鉄を使えば簡単に街中を移動できるわ。滞在中，退屈する日なんて絶対ないって約束するわ。

　シカゴは寒い冬で有名で，日本よりもずっと寒いの。冬の間，風が激しく吹くので，この都市のニックネームは「風の都市」というの。でも，心配しないで。夏はとても暑いし，春と秋は過ごしやすくて気持ちがいいの。この街の秋の紅葉もすばらしいわよ。

　できるだけ早く返信をくださいね。到着時間と飛行機の便名を送るのを忘れないでね。両親と一緒にあなたを空港まで車で迎えに行くわ。レイコ，あなたにもうすぐ会えることを本当に楽しみにしているわ。

　それじゃあ。
　クリスティーン

---

(26) クリスティーンはなぜレイコにEメールを書いているのですか。
　1 彼女に冬に来るように頼むため。
　2 東京についてもっと知るため。
　3 レイコを訪ねてもいいか確かめるため。
　4 彼女にシカゴについて教えるため。

第1段落の最後の文にある to describe a few things about my hometown に着目する。describe は「～を説明する」，my hometown は Chicago のこと。これとほぼ同じ内容のものは 4。　　**解答 4**

(27) クリスティーンは彼女の地元について何と言っていますか。
　1 ニューヨーク市よりも人口が多い。
　2 車で移動するのが簡単である。
　3 楽しむものがとても多くある。
　4 レイコの地元と似ている。

第2段落第2文の内容から正解は 3。2 は，「地下鉄で簡単に移動できる」とはあるが，「車」については触れられていないので不適。1 と 4 については，そのような記述は本文にないので不適。　　**解答 3**

(28) 次の文のうち，正しいものはどれですか。
　1 クリスティーンはレイコの航空便の情報を知りたがっている。
　2 クリスティーンはレイコを迎えに行けないだろう。
　3 レイコはシカゴ訪問中に退屈するかもしれない。

4 レイコはクリスティーンに秋に訪問するように勧められている。

第4段落第2文より正解は 1。2 は，第4段落第3文の内容と不一致。3 は，第2段落の最終文の内容と不一致。4 は，そのような内容は本文にないので不適。

解答 1

筆記 5B　問題 p.91 〜 92

全訳

北アメリカの中華街

　中華街は世界のほとんどすべての国で見られる。大きさは数ブロックのものから数平方キロの広さのものまである。北アメリカには大きな中華街がいくつかある。バンクーバーやニューヨーク，サンフランシスコのものがよく知られている。サンフランシスコにはアジア以外の地域で最大の中華街がある。中華街はしばしば非常に多くの観光客を呼び寄せる。彼らは中国からの食料，美術品，さらに音楽や DVD などでいっぱいの店を回って楽しむ。また，彼らはその区域にある中華風の門や寺院，建物を見て楽しむこともできる。実際，最も大きな中華街はこのような観光客から毎年何百万ドルもの収入を得る。

　北アメリカの中華街は中国からの移民が最初にやってきた場所だとずっと考えられてきた。中国人移民の2世，3世はふつう別の場所に暮らす。しかし，中華街には多くの友好団体がある。それらは，かなり前に北アメリカのほかの地域に行ってしまった中国人と文化的，商業的な絆を維持している。これらの団体はまた中国とも関係を維持している。

　今日の中華街は多くの新たな課題に直面している。シアトルやニューヨークの中華街のように，古い建物を修復する資金を必要としている中華街もある。中華街の住人はまた，多くのホームレスの人々（ほとんどは中国人ではない）についても困っている。このホームレスの人々はふつう害を及ぼすことはないが，彼らの存在は中華街の観光的，商業的魅力を低下させてしまう。観光客からの収入のほかに，中華街は衣服やおもちゃなどの商品を作る小規模の商業に依存している。しかし，今日，その価格は東南アジア，さらには中国で同じ商品を作る会社の価格よりも高いのである。

　これらの課題にもかかわらず，北アメリカの中華街の指導者たちは彼らの中華街が今後も成長を続けると信じている。多くの中華街が近代的で活気ある「チャイナタウン2.0」にアップグレードしている。例えば，北アメリカ最大で最も伝統的な中華街でさえも，そのすべてが世界に売り込むためにウェブサイトを持っているのだ。

103

Answers

(29) 観光客が北アメリカの中華街を訪れる理由の1つは何ですか。
1 銀行からお金を借りるため。
2 伝統的な衣服を作るため。
3 珍しい建造物を見るため。
4 中国からの食料を売るため。

tourists の話題が出てくるのは第1段落の後半部分なので，そこを注意して読む。第1段落第7，8文に観光客が中華街で楽しめる事柄が説明されている。3 が第8文の内容と一致する。

解答 3

(30) 中国の友好協会の機能は何ですか。
1 アメリカの，中国人以外の人と連絡を取り合うこと。
2 北アメリカの中国人との関係を維持すること。
3 北アメリカのほかの地域に中華街を設けること。
4 おのおのの中華街内の文化的な基準を維持すること。

Chinese friendship associations と似た表現を探すと，第2段落第3文に friendship groups という表現がある。第2段落第4文の内容から正解は 2。本文中の cultural and business ties という表現が選択肢では connections に言い換えられていることにも注意する。

解答 2

(31) 記事によると，いくつかの中華街が直面している課題の1つは何ですか。
1 中華街の多くの住民がホームレスになっていること。
2 中華街の商品価格が安くなりすぎていること。
3 中華街の会社が海外の会社と競争していること。
4 中華街が自分たちのウェブサイトを更新していないこと。

challenge という語を手がかりに本文の該当か所を探す。第3段落に課題がいくつか指摘されているが，最終文の内容から正解は 3。中華街で作られる製品の価格が東南アジアや本国中国で作られる製品の価格より高くなっているのである。

解答 3

(32) 次の文の中で中華街について正しいものはどれですか。
1 そこを去った中国人を多く呼び戻している。
2 非常にさまざまな文化的，商業的機能を果たしている。
3 東南アジアの会社にうまく打ち勝っている。
4 近代的な商売よりも伝統的な商売を好む。

第1段落第6文以降の内容と合っているので，正解は 2。1 は，本文に述べられていない内容なので不一致。3 は，東南アジアの会社と価格競争で負けているので，不一致。4 は，第4段落にチャイナタウンが近代的に発展していることや，ウェブサイトを持っていることが述べられており，近代的な商売を取り入れているとわかるので，不一致。

解答 2

リスニング 第1部　問題 p.93　CD 27～32

No. 1

★：I really have to get this project finished.
☆：Is today the dead line for it?
★：Yes, I'm worried about it. Do you think you could help me?

1 That's why.　　　**2** Thanks.　　　**3** No problem.

> ★：このプロジェクトを絶対仕上げなければならないんだ。
> ☆：今日がその締め切りなの？
> ★：そう，それが心配なんだ。手伝ってくれないかな？
> **1** そういうわけなの。　　**2** ありがとう。　　**3** いいわよ。

直前の Do you think you could help me? に対する応答としてどれが適切かを考える。正解は **3**。No problem. は，「問題ない」ということから，「大丈夫」「いいですよ」「どういたしまして」などの意味がある。

解答 3

No. 2

★：Hi, Wanda? It's Ted. I'm looking for Debbie.
☆：I'm sorry, but she's not here. Why don't you try calling her cell phone?
★：I did, but she didn't answer. Do you know where she is?

1 It's 313-270-6863.　　**2** OK, I'll tell her.　　**3** I'm afraid not.

> ★：もしもし，ワンダ？　テッドだけど。デビーを探しているんだ。
> ☆：残念だけど彼女はここにはいないわ。携帯に電話してみたらどうかしら。
> ★：してみたけど，出ないんだ。彼女が今どこにいるか知っている？
> **1** それは，313-270-6863 よ。
> **2** わかった。彼女に伝えておくわ。
> **3** 悪いけど知らないわ。

最後の Do you know where she is? に対する応答として適切なものを選ぶ。I'm afraid not. は，好ましくないことについて「悪いけれど～ではないと思う」という意味。ここでは，I'm afraid I don't know (where she is). の意味。

解答 3

No. 3

☆：Hi, Bob. What are you doing this weekend?
★：I'll just play some basketball, I guess.
☆：Why don't you come camping with me and some friends instead?

1 Three of us.　　**2** Last weekend.　　**3** I'd love to.

> ☆：こんにちは，ボブ。今週末は何をするつもりなの？
> ★：多分，バスケットボールを少しやるだけかな。
> ☆：代わりに私と友達と一緒にキャンプに行かない？

Answers

1 僕たち3人だよ。　　　**2** この前の週末だよ。　　　**3** ぜひ行きたいね。

最後の文を注意して聞く。Why don't you ～ ? は人を誘うときに用いる表現で「～しませんか」という意味。その誘いに対して，ボブは I'd love to (come camping with you). と答えたのである。

解答 **3**

No. 4

★：Did you say that you'd like a ticket to Sydney?
☆：Yes, that's right. Economy class, please.
★：OK, that'll be $400 dollars, ma'am. How will you be paying?

1 Here's my ticket.　　　**2** At the gate.　　　**3** By credit card.

> ★：シドニーまでの切符とおっしゃいましたか。
> ☆：ええ，その通りです。エコノミークラスをお願いします。
> ★：承知しました。お客さま，400ドルでございます。お支払いはどのようになさいますか。
> **1** 私の切符をどうぞ。
> **2** ゲートのところで。
> **3** クレジットカードで。

前半部分から，航空券を購入している場面だと理解する。最後の質問 How will you be paying? を注意して聞き，この質問に答えているものを選ぶ。ちなみに「現金で」は In cash. という。

解答 **3**

No. 5

☆：What would you recommend as a Japanese gift?
★：Many foreign visitors like to buy these kimonos.
☆：Would you have any in my size?

1 Of course.　　　**2** We don't sell them.　　　**3** Is it for a friend?

> ☆：日本のお土産に何がおすすめですか。
> ★：多くの外国のお客さまはこの着物をお求めになります。
> ☆：私のサイズのものはありますか。
> **1** もちろんございます。
> **2** 私どもはそれらを売っておりません。
> **3** それはお友達への贈り物ですか。

外国人が日本のお土産を買おうとしている場面。最後の文は自分のサイズの着物があるかどうかを尋ねる疑問文である。この文から自分への土産を買おうとしていると判断できるので，**3** は不適。

解答 **1**

リスニング 第2部　問題 p.94　CD 33〜38

No. 6
★：Carmen, do you want a ride home?
☆：No thanks, Tim. I rode my bicycle to the office.
★：That must take longer than the bus or subway.
☆：Yes, but it's fun and good exercise, too.
Question：How does Carmen go to work?

> ★：カーメン，家まで車で送っていこうか？
> ☆：いいえ，ありがとう，ティム。会社まで自転車で来たのよ。
> ★：それはバスや地下鉄より時間がかかるよね。
> ☆：そうよ。でも楽しいし，いい運動にもなるのよ。
> 質問：カーメンはどのようにして仕事に行くのですか。
> **1** 車で。　　**2** 自転車で。　　**3** 地下鉄で。　　**4** バスで。

女性の最初の発言を聞き取るのがカギ。I rode my bicycle to the office. から自転車で会社まで通勤していることがわかる。また，男性の2回目の発言を正確に聞き取れれば，バスや地下鉄ではないと判断できる。　　**解答 2**

No. 7
★：Katie, I got a long-distance call from Gina yesterday. We talked for about an hour.
☆：Is she still working in Japan?
★：Yes, for a bank. She's getting used to the culture there.
☆：She studied Japanese at university, so that probably helps.
Question：How did Gina prepare before going to Japan?

> ★：ケイティ，昨日ジーナから長距離電話があったんだ。1時間近く話したよ。
> ☆：彼女はまだ日本で働いているの？
> ★：そう，銀行でね。日本の文化にも慣れてきたみたいだよ。
> ☆：ジーナは大学で日本語を勉強したから，おそらくそれが役に立っているのでしょうね。
> 質問：ジーナは日本に行く前にどのように準備をしましたか。
> **1** ケイティに助けてもらった。　　**2** 日本人と働いた。
> **3** 大学で日本語を学んだ。　　**4** 日本出身の人と友達になった。

男性がケイティという女性と，ジーナという女性について話していることを理解する。ジーナは日本で働いている。ケイティの最後の発言を聞き取るのがポイント。　　**解答 3**

Answers

No. 8

☆: Hi, Dad. I'm at a friend's house. Could I eat dinner with her family? They're having pizza.
★: Actually, Mom has already made us chicken for dinner, Sandy.
☆: OK. I guess I'd better come home.
★: Yes, but you can have dinner at her house some other time.

Question: Why does Sandy have to go home?

> ☆：もしもし，お父さん。友達の家にいるの。彼女のお宅でご家族と一緒に夕食をごちそうになってもいい？ ピザを食べるのよ。
> ★：でも，お母さんがもう夕食にチキンを作ってくれてあるんだよ，サンディ。
> ☆：わかった。帰った方がよさそうね。
> ★：そうだね。でも，また別のときにお友達の家でごちそうになるといいよ。
> 質問：サンディはなぜ家に帰らなければならないのですか。
> 1 友達が訪ねてくる予定だから。　　2 父親がピザを買ったから。
> 3 夕食が用意されているから。　　　4 母親が病気だから。

娘と父親の電話での会話。娘が夕食を友人の家で食べてもよいかどうか聞いている場面をとらえる。質問に答えるためには，父親の最初の発言を注意して聞く。　〔解答〕 3

No. 9

☆: This dress is beautiful. How much is it?
★: Normally it's 350 dollars. But it's on sale today and tomorrow.
☆: Really? How much can I save?
★: You can get it now for only 175 dollars.

Question: What does the woman learn?

> ☆：このドレスはきれいね。おいくらかしら。
> ★：通常は350ドルですが，今日と明日はセールです。
> ☆：本当なの？　いくらお得なのかしら？
> ★：今ならたったの175ドルでお求めになれます。
> 質問：女性はどんなことがわかりますか。
> 1 そのドレスがセールであること。　　2 セールが終了したこと。
> 3 そのドレスが売り切れであること。　4 セールが明日始まること。

男性の最初の発言にある it's on sale today and tomorrow を聞き取るのがポイント。on sale は「特価で，セールで」という意味。3 の be sold out は「売り切れである」という意味。

〔解答〕 1

No. 10

☆: Excuse me. Do you have the book called *Lost in Dreams*, by Alice Baker?
★: Yes, that's in the fiction section. Look under "B" for Baker.
☆: Is that on this floor?
★: No, the second floor. Fiction is right next to the History section.

Question : Where are the man and the woman talking?

☆：すみません。アリス・ベイカーの『ロスト・イン・ドリームズ』というタイトルの本はありますか。
★：はい，それはフィクションのコーナーにございます。ベイカーのBのところをお探しください。
☆：それはこの階ですか。
★：いいえ，2階でございます。フィクションは歴史コーナーのちょうど隣です。
質問：男性と女性はどこで話していますか。
1　食料雑貨店。　　　　　　　　2　書店。
3　映画館。　　　　　　　　　　4　洋服の小売店。

対話全体から状況をつかむ問題。the book, fiction「フィクション」, the History section「歴史コーナー」などから，本に関する対話だとわかれば正解できる。　　解答 2

リスニング 第3部　問題 p.95　　CD 39〜44

No. 11
Larry really enjoys reading. Sometimes his books are too big to fit in his backpack. He doesn't want to walk with big books in his hands. Larry decided to buy an electronic book, or "e-book." Some electronic books are not cheap. However, Larry can put them into his coat pocket easily. E-books are very convenient for him.
Question : Why are e-books convenient for Larry?

ラリーは本当に本を読むのが好きである。時々，彼の本はバックパックに入らないほど大きすぎることもある。彼は本を手に持って歩くのは嫌である。ラリーは電子ブック，すなわち「Eブック」を買うことにした。電子ブックには高価なものもある。しかし，ラリーはそれらをコートのポケットに簡単に入れることができる。Eブックは彼にとってとても便利なものである。
質問：Eブックはなぜラリーにとって便利なのですか。
1　多くの選択肢があるから。　　　2　とても安いから。
3　運びやすいから。　　　　　　　4　無料で借りられるから。

英文の最後の部分である Larry can put them into his coat pocket easily を聞き取るのがポイント。前半部分の「時々，本が大きすぎてバックパックに入らない」からも答えを推測できる。　　解答 3

Answers

No. 12

When she was studying in Vancouver, Azumi learned that many Canadians loved dogs. Vancouver had many dog cafés, with special treats for dogs. It even had pet hotels for cats or dogs while owners were on vacation. Azumi decided that the next time she came to the city, she would bring her dog, Koko. Koko would enjoy life there.

Question: Why does Azumi want to bring her dog to Vancouver?

> アズミは，バンクーバーで勉強していたとき，カナダ人の多くが犬好きであることがわかった。バンクーバーには，犬に対して特別なもてなしをしてくれるドッグカフェが多くあった。飼い主が旅行のときには猫や犬のペットホテルまであった。アズミは，次にこの都市に来るときには，彼女の飼い犬のココを連れて来ようと決めた。ココはそこでの生活を楽しむことだろう。
>
> 質問：アズミはなぜ彼女の飼い犬をバンクーバーに連れて来たいと思っているのですか。
> 1 ペットとその飼い主のための場所が多くあるから。
> 2 さまざまな種類の珍しい犬がいるから。
> 3 ペットの飼い主に割引があるから。
> 4 ペットのための特別な学校があるから。

英文を聞きながら，カナダでのペットの扱いが話題であることを大まかにつかむ。dog cafés「ドッグカフェ」と pet hotels「ペットホテル」を聞き取るのがポイント。　**解答 1**

No. 13

Yosuke wants to be a doctor one day. He gets good grades in all his courses. He is confident that he will go to a good university to study medicine. His father told him that a doctor also needs to be friendly and must care about patients.

Question: What did Yosuke's father tell him?

> ヨウスケはいつか医者になりたいと思っている。彼はすべての授業で良い成績を取っている。彼は医学を勉強するために良い大学へ行くと確信している。彼の父親は，医者は親しみやすくある必要もあり，患者のことを気にかけなければならないと彼に言った。
>
> 質問：ヨウスケの父親は彼に何と言いましたか。
> 1 授業で一生懸命に勉強しなければならない。
> 2 良い大学を選ばなければならない。
> 3 自分の医療技術を向上させなければならない。
> 4 人を気遣える人になるようにしなければならない。

話題はヨウスケの将来の夢について。質問に答えるためには，最後の部分で説明されている父親の発言内容をとらえる。特に最後の care about patients「患者を気にかける」が重要。4 が正解で，caring とは「親身に人の面倒を見る，気遣う」という意味である。

解答 4

No. 14

The cafeteria will be cleaned this afternoon, so no students will be able to use it after 1 p.m. It will reopen tomorrow morning at 11 and serve meals until its usual closing time of 2 p.m. If you have any questions, ask your teacher or anyone in the school office.

Question: What will happen at 1 p.m. today?

> カフェテリアは今日の午後清掃しますので，午後1時以降，生徒は利用できません。明日の午前11時に再びオープンし，通常の終了時刻である午後2時まで食事を提供します。質問がある場合には，担任の先生，または事務室の人に聞いてください。
> 質問：今日の午後1時に何が起こりますか。
> 1　教員が会議をする。
> 2　カフェテリアが閉まる。
> 3　カフェテリアのメニューが変わる。
> 4　事務室が職員のために食事を出す。

学校でのお知らせの放送である。お知らせの放送は，用件をつかむことを目標に聞いていく。この問題は，清掃のためにカフェテリアが通常よりも早く閉まるというお知らせである。

解答　2

No. 15

New Orleans has a large festival called Mardi Gras. During Mardi Gras, people wear masks, dance in the streets, and even hug strangers. There are many parades during that time, with performers wearing traditional and stylish costumes. There are other Mardi Gras around the world, but New Orleans' is the most famous.

Question: What do people do during New Orleans' Mardi Gras?

> ニューオーリンズにはマルディグラと呼ばれる大きな祭りがある。マルディグラの期間中，人々はお面をかぶり，通りで踊り，見知らぬ人に抱きつくこともある。期間中，多くのパレードがあり，参加者は伝統的でおしゃれな衣装を着ている。世界中にはほかのマルディグラもあるが，ニューオーリンズのものがいちばん有名である。
> 質問：ニューオーリンズのマルディグラの期間中，人々は何をしますか。
> 1　フォーマルな服を着る。　　　2　特別な料理を作る。
> 3　通りで踊る。　　　　　　　　4　世界中を旅する。

最初の1文を聞いて，マルディグラというニューオーリンズのお祭りについての説明であることをつかむ。次にその祭りではどのようなことをするのかを聞き取っていく。

解答　3

自己診断チャート

Term 2 に進む前に，レビューテストを解いてみて，Term 1 で学習した内容が身についたかどうか，この「自己診断チャート」で確認しましょう。

■「自己診断チャート」の使い方

問題別に点数をチェックして，下のチャートを塗り，一番左の欄にそれぞれの点を記入しましょう。「合格」に届かなかった問題は，次ページの「問題別アドバイス」を参考にしてください。配点はすべて各1点です（※筆記1は,(1)〜(7)が「単語」,(8)〜(12)が「熟語」,(13)〜(15)が「文法」となっています）。

							合格		満点
筆記	1 (単語)	( )/7点	1点	2点	3点	4点	5点	6点	7点
	1 (熟語)	( )/5点	1点	2点	3点	4点	5点		
	1 (文法)	( )/3点	1点		2点		3点		
	2	( )/4点	1点		2点		3点	4点	
	3	( )/3点	1点		2点		3点		
	4	( )/3点	1点		2点		3点		
	5	( )/7点	1点	2点	3点	4点	5点	6点	7点
リスニング	第1部	( )/5点	1点	2点	3点	4点	5点		
	第2部	( )/5点	1点	2点	3点	4点	5点		
	第3部	( )/5点	1点	2点	3点	4点	5点		

合計 ( )/47点

問題別アドバイス

		アドバイス		ここで学習しよう！
筆記	1（単語）	まず問題文を一通り読み，全体の意味を理解した上で，空所前後の語に着目するのが基本的な解き方です。基本語の意外な意味にも注意しましょう。		復習▶第1日 応用▶第11日
	1（熟語）	基本的な熟語表現は正確におさえられているでしょうか。問題を解くときには，空所前後の語をヒントに熟語表現を見抜くのがコツです。		復習▶第2日 応用▶第12日
	1（文法）	分詞・不定詞・動名詞は重要事項です。準2級では原形不定詞や知覚動詞と結びついた分詞の用法が特に重要。理解が不十分な部分は徹底的に復習しておきましょう。		復習▶第3日 応用▶第13日
	2	誰と誰の対話か，どんな状況での対話かを理解することが重要です。選択肢が疑問文の場合には，空所後の応答に着目するのがコツです。		復習▶第4日 応用▶第14日
	3	選択肢から熟語表現や定型の会話表現を見抜くことができるかがポイントです。まず，過去に出題された表現を実際に自分で使えるかどうかを確認しましょう。		復習▶第5日 応用▶第15日
	4	文章全体の要旨を理解するように努めながらも，空所前後はゆっくりと丁寧に読み，空所を含む文と同じような意味の部分を探すのがコツです。		復習▶第6日 応用▶第16日
	5	質問文で問われているか所を本文中から探し出し，根拠となるか所を明確にしてから選択肢を選ぶようにします。常識や推測から答えを導いてはいけません。		復習▶第7日 応用▶第17日
リスニング	第1部	最初のやりとりから対話の状況をつかみ，対話最後の発言を正確に聞き取るのがコツです。勧誘や依頼に対し，どのように答えるかを把握しておくことも重要。		復習▶第8日
	第2部	問題が流れる前に選択肢に一通り目を通し，質問をあらかじめ予想しておくことがコツです。聞き取るポイントをある程度絞った上で聞くようにしましょう。		復習▶第8日 応用▶第18日
	第3部	英文が，ある人物に関する話題，アナウンス，社会的・文化的・科学的トピックのどれにあたるかをすばやく判断し，それに対応した聞き方をするのがコツです。		復習▶第9日 応用▶第19日

Term 2

応用編

前半で基礎固めができたら，後半は実戦的な実力を養成するさらにステップアップした問題に取り組みます。最終日は今までの総まとめとして，時間を計ってテストに挑戦してみましょう。

筆記 1

短文の語句空所補充（単語②）

Term 2 第11日

今日の目標
難しい語いにもチャレンジ！

今日は最近出題された問題の中から，比較的難しい語いを取り上げる。知らない語や難しい用法の区別などがあるかもしれないが，まず，以下のリストをチェックし，練習問題を繰り返し解いてこれらの難しい語いもマスターしていこう。

POINT 1　基本的な単語から語いを増やす！

新しく覚える単語は，すでに学習した基本的な単語と関連付けて覚えていくのがコツである。たとえば think「考える」→ consider「熟考する」，save「守る」→ rescue「救助する」，shout「叫ぶ」→ yell「叫ぶ」などのように，似た意味の単語をセットで覚えていくのも1つの方法である。また，article「記事，品物，冠詞」のように，さまざまな意味を持つ多義語にも注目して覚えていこう。

POINT 2　この単語もおさえておこう！

＜動詞＞

allow	許可する allow＋人＋to *do* 「(人)が～するのを許す」	deliver	配達する 名 delivery「配達」
compete	競争する	deny	否定する 名 denial「否定」
complain	不平を言う 名 complaint「不平」	escape	逃げる
consider	熟考する（＝ think）	imagine	想像する 形 imaginary「想像上の」
damage	損害を与える	punish	罰する 名 punishment「罰」

produce	生産する 名 product「生産物」	rescue	救出する(= save)
quit	やめる	whisper	ささやく
recommend	推薦する 名 recommendation 「推薦」	yell	叫ぶ(= shout)

<名詞>

achievement	達成 動 achieve「達成する」	detail	詳細 ★ in detail「詳細に」
admission	入場, 入学, 入場料 動 admit「認める」	disease	病気(= illness)
aquarium	水族館 cf. museum「博物館」	distance	距離 形 distant「遠い」
article	記事, 品物, 冠詞	mess	混乱状態, 汚い状態 ★ What a mess! 「何て汚いの！」
attitude	態度	origin	起源
competition	競争	recovery	回復 動 recover「回復する」
courage	勇気 動 encourage 「勇気づける」	tradition	伝統 形 traditional 「伝統的な」
crime	(法律上の)罪, 犯罪 cf.「(宗教上の)罪」は sin	variety	多様性 ★ a variety of ～ 「さまざまな～」

<形容詞・副詞>

awful	ひどい(= terrible)	hardly	ほとんど～ない
frankly	率直に言って	nearly	ほとんど(= almost)
gently	優しく, そっと	obviously	明らかに(= clearly)

Practice 練習問題

次の (1) から (16) までの (　) に入れるのに最も適切なものを **1, 2, 3, 4** の中から一つ選びなさい。

(1) Jack was very happy because his parents (　　) him to go out for a date.
　1 designed　　**2** chased　　**3** allowed　　**4** punished

(2) My father wants to (　　) smoking, but he can't.
　1 lose　　**2** leave　　**3** quit　　**4** protect

(3) *A*: The steak was too salty and the soup was not hot enough.
　B: You should call the manager and (　　) to him.
　1 translate　　**2** recommend　　**3** propose　　**4** complain

(4) *A*: What is the country that (　　) the largest amount of oil in the world?
　B: Sorry, I don't know. I'll check on it on the Internet.
　1 prevents　　**2** produces　　**3** performs　　**4** polishes

(5) *A*: Mike (　　) telling a lie to me.
　B: I believe him, Betty, because he is very honest.
　1 excused　　**2** denied　　**3** escaped　　**4** recognized

(6) Mary is interested in reading, so she asked her teacher to (　　) a good book to her.
　1 express　　**2** request　　**3** promise　　**4** recommend

(7) My parents got married 25 years ago, so today is their silver wedding (　　).
　1 holiday　　**2** celebration　　**3** anniversary　　**4** ceremony

(8) Macy found a very interesting (　　) in the newspaper, so she cut it out to keep it in a file.
　1 award　　**2** article　　**3** experiment　　**4** excuse

118

Answers 解答と解説

(1) ジャックは，彼がデートで外出することを両親が<u>許してくれた</u>ので，とてもうれしかった。

空所後の him to go out に注目。< allow ＋人＋ to *do* >で「(人)が～することを許す」の意味。design「設計する」，chase「追跡する」，punish「罰する」。　**解答 3**

(2) 私の父はタバコ<u>をやめ</u>たいと思っているが，できない。

quit は「～をやめる」。同義表現に give up や stop がある。この３つの表現はいずれも目的語に動名詞をとることにも注意。lose「失う」，protect「守る」。　**解答 3**

(3) *A*：ステーキは塩辛かったし，スープは十分に温まっていなかったね。
B：店長を呼んで<u>苦情を言</u>った方がいいよ。

A「食事がひどかった」→ B「店長に(　　)」から，正解は complain「苦情を言う」。translate「翻訳する」，recommend「推薦する」，propose「提案する」。　**解答 4**

(4) *A*：世界で一番多く石油<u>を産出している</u>国はどこ？
B：ごめん，わからないよ。インターネットで調べてみるね。

空所の後の the largest amount of oil を目的語として文脈に合う動詞はどれかを考える。正解は **2** の produces「生産する」。prevent「防げる」，perform「演奏する，実行する」，polish「磨く」。　**解答 2**

(5) *A*：マイクは私に嘘をついたこと<u>を否定した</u>わ。
B：僕は彼を信じるよ，ベティ。なぜなら，彼はとても正直だもの。

B の「彼はとても正直だ」という発言から，マイクが嘘をついたことをどうしたのかを考える。正解は denied（原形は deny「否定する」）。excuse「許す」，escape「逃げる」，recognize「認識する」。　**解答 2**

(6) メアリーは読書に興味があるので，先生に良い本<u>を推薦</u>してくれるように頼んだ。

< ask ＋人＋ to *do* >は「(人)に～するのを頼む」。読書に興味のあるメアリーが先生に本をどうすることを頼んだのかを考える。正解は recommend「推薦する」。express「表現する」，request「要求する」，promise「約束する」。　**解答 4**

(7) 私の両親は 25 年前に結婚したので，今日は彼らの<u>銀婚式</u>だ。

「(年１回の)記念日」には anniversary を用いる。wedding anniversary で「結婚記念日」。holiday「休日」，celebration「祝い」，ceremony「儀式」。　**解答 3**

(8) メイシーは新聞にとても面白い<u>記事</u>を見つけたので，ファイルに保存するためにそれを切り取った。

interesting (　　) in the newspaper から，「記事」が正解と予測する。award「賞」，experiment「実験」，excuse「言い訳」。　**解答 2**

Practice 練習問題

(9) **A**: Tony, you won the championship. You know it's a great (   ).
B: Thank you. I'm happy, too.
1 achievement **2** appointment **3** appreciation **4** attention

(10) The game was so exciting that the (   ) really enjoyed it.
1 visitors **2** spectators **3** customers **4** passengers

(11) It is the (   ) of every citizen to obey the law.
1 job **2** task **3** business **4** duty

(12) I heard some thieves broke into Mary's house last night, but I haven't heard any (   ) about it.
1 decisions **2** invitations **3** diseases **4** details

(13) The (   ) from my house to the station is about 5 kilometers. I usually ride a bike there.
1 direction **2** height **3** distance **4** width

(14) Water and air are (   ) for people, animals, and plants.
1 efficient **2** essential **3** effective **4** official

(15) **A**: How was that French restaurant?
B: It was (   ). The food tasted bad and the service was slow.
1 splendid **2** awful **3** natural **4** plain

(16) John injured his legs badly during the soccer game yesterday, so now he can (   ) walk.
1 actually **2** carefully **3** nearly **4** hardly

Answers 解答と解説 Term 2

(9) **A**: トニー，優勝したのね。**すごいこと**じゃないの。
B: ありがとう。僕もうれしいよ。

achievement は「達成」。動詞形は achieve「達成する」である。appointment「約束，予約」，appreciation「感謝，鑑賞」，attention「注意」。 **解答 1**

(10) その試合はとてもいい試合だったので，**観客**は本当にそれを楽しんだ。

類義語に注意。spectator はスポーツ，ショーなどの「観客」，visitor は「訪問客」や「観光客」，customer は「店の客」，passenger は「乗客」である。ちなみに，コンサートや講演会の聴衆は audience という。 **解答 2**

(11) その法律に従うことはすべての市民の**義務**だ。

duty は「(道徳上・法律上の)義務」。ちなみに「権利」は right。job「職，(具体的な)仕事」，task「(課せられた)仕事，(骨の折れる)作業」，business「商売，商取引」。 **解答 4**

(12) 私は昨夜メアリーの家に泥棒が入ったと聞いたが，その**詳細**については何も聞いていない。

detail は「詳細，詳しい内容」という意味。熟語 in detail「詳細に」もおさえておこう。decision「決定，決意」，invitation「招待」，disease「病気」。 **解答 4**

(13) 僕の家から駅までの**距離**は約5キロです。ふつう自転車で駅まで行きます。

the distance from A to B で「AからBまでの距離」ということ。形容詞 distant「遠い」もあわせておさえておこう。direction「方向」，height「高さ」，width「幅」。 **解答 3**

(14) 水と空気は，人間，動物，植物に**不可欠である**。

essential は「欠くことのできない」。同義語に indispensable がある。efficient「能率的な」，effective「効果的な」，official「公の，正式の」。 **解答 2**

(15) **A**: あのフランス料理のレストランはどうだった？
B: **ひどかった**よ。料理はまずいし，サービスも遅かったんだ。

空所の後の文の内容からそのレストランが良くなかったことがわかる。正解は2のawful「ひどい」。同義語に terrible がある。splendid「すばらしい」，natural「自然な，当然の」，plain「飾り気のない，地味な」。 **解答 2**

(16) ジョンは昨日のサッカーの試合中，脚をひどくけがしたので，今，**ほとんど**歩くことができ**ない**。

hardly は否定の意味を含む副詞で「ほとんど～ない」。同様に否定の意味を持つ副詞には scarcely「ほとんど～ない」，rarely / seldom「めったに～ない」がある。actually「実際に」，carefully「注意深く」，nearly「ほとんど」。 **解答 4**

121

短文の語句空所補充（熟語②）

Term 2 第12日 筆記1

今日の目標
難しい熟語にもチャレンジ！

今日は，最近出題された熟語の中から難しいものをまとめた。まず，リストを見て知らない熟語をチェックしよう。こうした熟語は例文や関連表現とともにおさえていくのがコツである。

POINT 1 この熟語もおさえておこう！

prevent A from *doing* や be worth *doing* など，用法とともに覚える必要のある表現は，例文ごと覚えるのがコツだ。また，as well ＝ too, such as ＝ like などと，易しい表現で言い換えられる熟語もある。

＜動詞を中心とした熟語＞

be about to *do*	まさに〜するところである When I was about to leave the house, the telephone rang.
be against 〜	〜に反対である⇔be for 〜「〜に賛成である」 Are you for or against the plan?
be familiar with 〜	〜をよく知っている He is familiar with this city.
be worth *doing*	〜する価値がある This movie is worth seeing once.
have nothing to do with 〜	〜と関係がない I have nothing to do with the case.
lose *one's* way	道に迷う（＝ be lost）　I lost my way in the forest.
prevent A from *doing*	A が〜するのを妨げる The rain prevented me from going out.
put 〜 in order	〜を整理する　I put my CDs in order.
would rather *do*	むしろ〜したい I would rather stay home than go out.

<その他>

as well	〜もまた I study French as well.
by sea	海路で（= by ship） cf. by air「空路で（= by plane）」
here and there	あちこちに
on *one's* own	1人で，独力で She left the house and lives on her own.
on time	定刻に（= on schedule） The train arrived on time.
over dinner	夕食を食べながら We talked over dinner.
such as 〜	〜のような（= like 〜） I like small animals such as rabbits.
to be honest	正直に言うと To be honest, I'm scared of spiders.

POINT 2 口語表現を見抜く!

熟語問題では会話で用いられる口語表現も出題されている。例題を見てみよう。

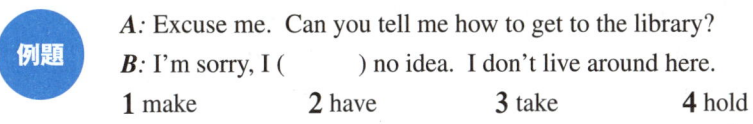

例題

A: Excuse me. Can you tell me how to get to the library?
B: I'm sorry, I (　　　) no idea. I don't live around here.

1 make　　　　**2** have　　　　**3** take　　　　**4** hold

(08-1)

訳

A: すみません。図書館への行き方を教えていただけませんか。
B: ごめんなさい，私にはわからないのです。この辺りに住んでいないものですから。

解説

A に Can you tell me 〜?「〜を教えていただけませんか」と聞かれた B が I'm sorry と答えていることから，「わからない」という表現が入ると考えられる。I have no idea. は口語表現で，I don't know. と同じ意味。

解答：2

Practice 練習問題

次の **(1)** から **(16)** までの (　) に入れるのに最も適切なものを **1, 2, 3, 4** の中から一つ選びなさい。

(1)   *A*: Hey, Jack.　How about playing soccer after school?
       B: Well, to (　　) honest, I'm not good at sports.
       1 make   **2** become   **3** get   **4** be

(2)   Kevin wanted to get a driver's license, but his parents were (　　) the idea.　They thought he was too young to drive.
       1 between   **2** forward   **3** along   **4** against

(3)   *A*: Pat, we have to talk about Yasu's welcome party.
       B: Yes, I know.　Let's make a plan (　　) dinner.
       1 in   **2** on   **3** over   **4** above

(4)   *A*: Hi, Lucy.　You look happy.
       B: Oh, do I?　I feel something wonderful is (　　) to happen.
       1 about   **2** close   **3** next   **4** over

(5)   *A*: Do you know how to send e-mail, Jack?
       B: Sorry, but I'm not (　　) the computer.
       1 different from   **2** tired from
       3 familiar with   **4** late for

(6)   Paul wasn't with Mary when her purse was stolen.　Therefore, he had nothing to (　　) with it.
       1 make   **2** take   **3** have   **4** do

(7)   The heavy rain yesterday (　　) us from going on a picnic in the park.
       1 avoided   **2** prevented   **3** predicted   **4** protected

(8)   I'll come tomorrow afternoon (　　).
       1 in reality   **2** in tears   **3** with ease   **4** without fail

Answers

解答と解説　Term 2

(1) 　A: やあ，ジャック。放課後サッカーをするのはどうかな。
　　　B: ええと，正直言って，僕はスポーツが得意じゃないんだ。

B が発言の後半で「スポーツが得意ではない」と打ち明けていることから to be honest「正直に言えば」が正解。　　　**解 答 4**

(2) 　ケビンは運転免許を取りたかったが，両親はその考えに反対した。彼らは，彼が車を運転するには若すぎると考えたのだ。

2 文目の「運転するには若すぎる」という内容から，両親はケビンの考えに「反対した」と考える。be against ～で「～に反対する」。「～に賛成する」は be for ～。　　　**解 答 4**

(3) 　A: パット，ヤスの歓迎会について話さなければならないね。
　　　B: うん，そうだね。夕食を食べながら計画を立てよう。

over dinner で「夕食を食べながら」。この over には「(食事など)をしながら」という意味がある。例えば over a cup of tea は「お茶を 1 杯飲みながら」。　　　**解 答 3**

(4) 　A: やあ，ルーシー。うれしそうだね。
　　　B: あら，そう？　何かすてきなことが今にも起こりそうな気がするの。

be about to do で「(今にも)～しようとしている，～しそうである」という意味。to の後は動詞の原形がくることもおさえておこう。　　　**解 答 1**

(5) 　A: ジャック，E メールの送り方を知っている？
　　　B: ごめん，コンピューターのことはよくわからないんだ。

be familiar with ～で「～になじみがある，～のことをよく知っている (= know ～ well)」という意味である。be different from ～「～と異なる」，be tired from ～「～で疲れる」，be late for ～「～に遅れる」。　　　**解 答 3**

(6) 　ポールはメアリーが財布を盗まれたとき彼女と一緒にいなかった。したがって，彼はそのこととはまったく関係がない。

have nothing to do with ～で「～とまったく関係がない」。have something to do with ～だと「～と少し関係がある」の意味となる。　　　**解 答 4**

(7) 　昨日の大雨は私たちが公園にピクニックに行くのを妨げた (昨日の大雨で私たちは公園にピクニックに行くのをやめた)。

prevent A from doing で「A が～するのを妨げる」。問題文のように，主語には無生物がくることが多い。　　　**解 答 2**

(8) 　私は明日の午後必ず参ります。

without fail で「必ず，間違いなく」という意味。in reality「現実には」，in tears「涙を流して」，with ease「簡単に」。　　　**解 答 4**

125

Practice .... 練習問題

(9) *A:* Did you know Kate broke up with Mathew?
B: No, I didn't. And that's none of my (　　).
1 business　　**2** policy　　**3** measure　　**4** silence

(10) Yesterday, I cleaned my room and (　　) my books in order so that I can find what I want to read more easily.
1 put　　**2** let　　**3** get　　**4** tell

(11) *A:* You've been working on the project all day. Can you finish it (　　) your own?
B: Yes. I think it'll be over soon.
1 by　　**2** at　　**3** with　　**4** on

(12) Winter sports (　　) skiing, skating, and snowboarding are very popular among young people.
1 so far　　**2** such as　　**3** in return　　**4** by sea

(13) It's surprising to me that trains arrive (　　) in Japan.
1 by chance　　**2** on time　　**3** at most　　**4** as well

(14) What in the (　　) does he mean?
1 house　　**2** earth　　**3** world　　**4** sense

(15) *A:* Let's go out and play softball.
B: No. It looks like rain. I would (　　) stay home and watch TV.
1 further　　**2** more　　**3** quite　　**4** rather

(16) *A:* Look at that old couple. It seems that they don't know which way to go.
B: Right. They've probably (　　) their way.
1 lost　　**2** kept　　**3** gone　　**4** taken

Answers 解答と解説

(9) A: ケイトがマシューと別れたって知ってた？
B: いや，知らなかったよ。それに**そんなことは僕には関係ないことさ**。

That's none of my business. で「自分には関係ないことです」という意味。一方，None of your business. は「あなたには関係ないことです」，つまり「余計なお世話です」という意味である。　　　**解答　1**

(10) 昨日，私は自分の部屋を掃除し，読みたい本がもっと簡単に探せるように**本を整理した**。

put ～ in order で「～を整理する，整頓する」という意味。ここでの order は「秩序，整然とした状態」という意味である。　　　**解答　1**

(11) A: あなたは1日中そのプロジェクトにかかりきりね。**自分ひとりで**それを終えることはできるの？
B: はい。もうすぐ終わると思います。

on *one's* own は「1人で，独力で」という意味。類似表現に by *oneself* があるのでおさえておこう。be over は「(～が)終わる」。　　　**解答　4**

(12) スキーやスケート，スノーボード**のような**ウィンタースポーツは若者の間でとても人気がある。

＜名詞＋such as ～＞で「～のような(名詞)」という意味。問題文は like を使って Winter sports like skiing ... と言い換えることもできる。　　　**解答　2**

(13) 日本では電車が**定刻**に到着するということが私には驚きです。

on time は「定刻に(= punctually)」。この問題では on schedule「スケジュールどおりに」も同じ意味である。by chance「偶然に(= accidentally)」，at most「多くとも」，as well「～もまた(= too)」。　　　**解答　2**

(14) **いったい**彼は何を言いたいのだろう。

in the world は疑問詞の直後に置いて，「いったい全体」の意味を表す。on earth も同じ用法で用いられる。　　　**解答　3**

(15) A: 外に出てソフトボールをしようよ。
B: だめ。雨が降りそうだよ。僕は**むしろ**家にいてテレビが見**たい**な。

would rather ～ (than ...) で「(...よりも)むしろ～したい」という意味。would rather の後には動詞の原形がくることもおさえておこう。　　　**解答　4**

(16) A: あの老夫婦を見て。どちらに行ったらいいかわからないみたいよ。
B: そうだね。おそらく**道に迷って**しまったんだろうね。

lose *one's* way で「道に迷う」。同じ意味を be [get] lost と表すこともできる。　　　**解答　1**

127

短文の語句空所補充（文法②）

今日の目標
関係詞と仮定法を攻略しよう！

関係詞（関係代名詞と関係副詞）と仮定法は準2級の重要文法事項。関係詞は，先行詞を含む関係代名詞 what と関係副詞についておさえよう。仮定法は if の文や I wish ～の文などを中心にまとめよう。

POINT 1　関係代名詞 what をおさえる！

関係代名詞 what は先行詞を含む関係代名詞で，「（～する）もの」（= the thing(s) which）の意味である。

▶ He showed us **what** looked like a map.
　（彼は地図のように見えるものを私たちに見せた）
▶ **What** she told us turned out to be true.
　（彼女が私たちに話したことは真実であることがわかった）

POINT 2　関係副詞をおさえる！

先行詞によって使い分けが必要である。以下の表で整理しておこう。

when	時を表す先行詞（the time, the day など）
where	場所を表す先行詞（the place, the town など）
why	理由を表す先行詞（the reason のみ）
how	方法を表す先行詞（the way） ※先行詞 the way と how のどちらかは必ず省略される。

POINT 3　仮定法をおさえる！

①仮定法過去
　仮定法過去は，現在の事実に反する仮定や実現不可能な現在の願望を表す。動詞の形は過去形だが，現在のことを表しているので注意する。

< If S ＋過去形～, S' ＋助動詞の過去形＋原形＞
▶ If I **had** a driver's license, I **could go** driving.
（もし運転免許を持っていれば，ドライブに行けるのに）

＜ I wish ＋ S ＋過去形＞
▶ I wish I **were** a movie star like her.
（自分が彼女のような映画スターならなあ）
※ be 動詞が仮定法過去で用いられる場合には，were になることが多い。

例題

A: I can't decide whether I should go to Carrie's party or not.
B: I would go if I (　　　) you. It sounds like fun.

1 is　　　　**2** being　　　　**3** were　　　　**4** be

(07-2)

訳

A: キャリーのパーティーに行くべきかどうか決められないわ。
B: もし僕が君なら行くよ。面白そうだもの。

解説

空所の前の助動詞が would になっているので，仮定法過去の文であると判断する。仮定法過去では，be 動詞は主語の人称に関係なくふつう were が用いられる。

解答：3

---

②仮定法過去完了
　仮定法過去完了は，過去の事実に反する仮定や願望を表す。動詞の形は過去完了形で，過去のことを表す。

＜ If S ＋ had ＋ 過去分詞～, S' ＋助動詞の過去形＋ have ＋ 過去分詞＞
▶ If we **had left** earlier, we **could have caught** the last train.
（もっと早く出ていたら，終電に間に合っていただろうに）

＜ I wish ＋ S ＋ had ＋過去分詞＞
▶ I wish I **had listened** to your advice.
（君の忠告を聞いていたらなあ）

③慣用表現
It is (high / about) time ＋仮定法過去「～してもよいころだ」
▶ It's about time you **went** to bed.
（もうそろそろ寝る時間ね）

as if ＋仮定法「まるで～であるかのように」
▶ Ken talks as if he **knew** everything.
（ケンは何でも知っているかのように話す）

Practice .... 練習問題

次の **(1)** から **(16)** までの（　）に入れるのに最も適切なものを **1, 2, 3, 4** の中から一つ選びなさい。

(1) She spoke so fast that I couldn't understand (　　) she was saying.
 1 that **2** which **3** what **4** whom

(2) (　　) we decide should be carried out as soon as possible.
 1 Whatever **2** Whenever **3** Wherever **4** Whoever

(3) *A*: Why is Beth special to you, Jack?
 B: She is very pretty, and (　　) is more, she is very smart.
 1 what **2** whose **3** that **4** who

(4) This is the house (　　) that famous singer was born.
 1 when **2** where **3** how **4** why

(5) Will the day come (　　) we can travel to the moon?
 1 when **2** why **3** how **4** where

(6) The reason (　　) he suddenly left Japan is unknown.
 1 how **2** why **3** where **4** when

(7) *A*: Mike has been working very hard these days.
 B: Yes. That's (　　) he saved so much money in a short time.
 1 when **2** what **3** how **4** where

(8) *A*: Ken, I'll miss you very much.
 B: Me, too. (　　) you are, I will be thinking of you.
 1 Whenever **2** However **3** Wherever **4** Whichever

Answers　　　解答と解説　Term 2

(1) 彼女はとても早口だったので，言っている**こと**が理解できなかった。

what she was saying で「彼女が言っていたこと」。what は先行詞を含む関係代名詞である。so ～ that ... は「とても～なので…」。　**解答　3**

(2) 私たちの決める**ことは何でも**できるだけすぐに実行に移されるべきだ。

先行詞を含む関係代名詞 what を whatever にすると，「～するものは何でも」という意味になる。whenever ～「～するときはいつでも」，wherever「～する場所はどこでも」，whoever「～する人は誰でも」。　**解答　1**

(3) A: ジャック，なぜベスは君にとって特別なんだい？
B: 彼女はとてもかわいらしいし，**その上**とても賢いからね。

what is more は「その上」という熟語。what is worse「さらに悪いことに」，what is better「さらに良いことに」もあわせて覚えておこう。　**解答　1**

(4) ここはあの有名な歌手が生まれた家だ。

the house を空所以下が後ろから修飾する構造。the house は場所なので，関係副詞 where が用いられる。　**解答　2**

(5) 月へ旅行できる日は来るだろうか。

先行詞は the day で「時」を表すので，関係副詞 when で受ける。本来は Will *the day when we can travel to the moon* come? とすべきだが，主語が動詞に比べて長すぎるので，when 以下が後置された形となっている。　**解答　1**

(6) 彼が突然日本を去った理由は不明だ。

先行詞は The reason で「理由」を表すので，関係副詞 why で受ける。The reason why he suddenly left Japan までが主語で「彼が突然日本を去った理由」。　**解答　2**

(7) A: マイクは最近とても熱心に仕事をしているわね。
B: うん。そうやって彼は短期間に大金を貯めたんだよ。

「それが～した方法だ」という文になるように考える。関係副詞 how の先行詞は the way だが，the way how となることはなく，the way か how のどちらか一方のみを用いる。したがって問題文は That's *the way* he ... とも言える。　**解答　3**

(8) A: ケン，あなたがいなくなるととても寂しいわ。
B: 僕もだよ。君が**どこにいても**，君のことを思っているからね。

wherever は「どこで～しようとも（＝ no matter where）」の意味。このように wherever には譲歩を表す用法もある。　**解答　3**

Practice　練習問題

(9) If I (　　) enough money, I could buy that camera.
　　1 have　　**2** were　　**3** had　　**4** have got

(10) It is time you (　　) to school, Keith.
　　1 goes　　**2** gone　　**3** go　　**4** went

(11) I wish I (　　) the meeting at that time.
　　1 attended　　**2** attend　　**3** had attended　　**4** have attended

(12) If I knew her address, I (　　) to her now.
　　1 will write　　**2** would write　　**3** wrote　　**4** had written

(13) They could have caught the last plane if they (　　) home earlier.
　　1 left　　**2** have left　　**3** had been left　　**4** had left

(14) My brother looked as if (　　) a ghost.
　　1 he saw　　**2** he has seen　　**3** he was seen　　**4** he had seen

(15) *A*: Keith, I hear you passed the test. Congratulations!
　　B: Thank you. If it (　　) been for your advice, I'd have failed.
　　1 weren't　　**2** hadn't　　**3** haven't　　**4** isn't

(16) *A*: Lucy, will you come along?
　　B: Oh, I'm sorry. I (　　) I could go with you.
　　1 wish　　**2** want　　**3** hope　　**4** would

Answers 解答と解説

(9) 十分なお金が<u>あれ</u>ば，あのカメラを買えるのだが。

仮定法過去の文。「実際にはお金がないので買えない」という事実を，仮定法を用いて表した文である。現在の内容だから動詞は過去形を用いる。　**解答 3**

(10) キース，もう学校へ<u>行く</u>時間だよ。

＜It is (high / about) time ＋仮定法過去＞で「～してもよい時間だ」の意味。time のあとには過去形の文がくる。　**解答 4**

(11) あのとき，会合に<u>出ていれ</u>ばよかったなあ。

at that time「あのとき」という過去を表す語があり，過去の事実について述べている文なので，仮定法過去完了を用いる。動詞の形は過去完了形＜had ＋過去分詞＞になる。　**解答 3**

(12) もし彼女の住所がわかれば，今，彼女<u>に手紙を書く</u>のになあ。

現在の事実と反対のことを仮定しているので，仮定法過去になる。帰結節は，＜主語＋助動詞の過去形＋原形～＞となる。　**解答 2**

(13) 彼らがもっと早く家を<u>出てい</u>たら，最終便の飛行機に間に合っていただろう。

過去の事実と反対のことを仮定しているので，仮定法過去完了を用いて表す。帰結節が could have caught と＜助動詞の過去形＋ have ＋過去分詞＞になっていることからも，仮定法過去完了の文であることがわかる。　**解答 4**

(14) 兄は幽霊<u>を見た</u>かのような顔つきだった。

as if の後ろでは仮定法が用いられることが多い。「兄が（すでに）幽霊を見たかのような」という意味となり，主節の looked よりもさらに過去のことを表すので，仮定法過去完了を用いる。　**解答 4**

(15) *A*：キース，テストに合格したって聞いたわよ。おめでとう！
B：ありがとう。君のアドバイス<u>がなかったら</u>，僕は不合格だったことだろう。

If it had not been for ～は「もし（あのとき）～がなかったら」という意味。ちなみに，「もし（今）～がないなら」は，If it were not for ～と表す。いずれも，Without ～を用いて1語で表すこともできる。　**解答 2**

(16) *A*：ルーシー，一緒に来ない？
B：ああ，ごめんなさい。あなたと一緒に行け<u>たらいいのに</u>。

空所の後の I could go with you が仮定法過去の文であることから判断する。仮定法の文を従えるのは I wish である。　**解答 1**

筆記2

会話文の文空所補充②

今日の目標
よく出る会話表現を攻略しよう！

筆記2では，会話の場面を理解し，その状況にふさわしい表現を選ぶ問題が出題されることも多い。今日は，会話での定型表現を場面・機能ごとに整理して学習していこう。これらの表現はリスニング問題を解く上でも重要である。

POINT 1 場面別に会話表現をおさえる！

①デパート

A: (How) may [can] I help you? *B*: No, I'm just looking.	*A*: ご用件をお伺いしましょうか。 *B*: 結構です，見ているだけです。

②レストラン

A: Are you ready to order? *B*: Sure. **What do you recommend?**	*A*: ご注文をお伺いしましょうか。 *B*: ええ。何がおすすめですか。
Do you have a table for six people in the non-smoking section?	6人用の禁煙席はありますか。
A: Is this **for here or to go?** *B*: For here, please.	*A*: こちらでお召し上がりになりますか，それともお持ち帰りになりますか。 *B*: ここでいただきます。

③電話

A: May I speak to Mr. Jones? *B*: Sure. **Hold on, please.**	*A*: ジョーンズさんをお願いします。 *B*: かしこまりました。そのままお待ちください。
A: **Can I take a message?** *B*: No, thank you. I'll call back later.	*A*: ご伝言を承りましょうか。 *B*: いいえ，結構です。後でかけ直します。
May I leave a message?	伝言をお願いできますか。

| I'm afraid you have the wrong number. | 恐れ入りますが，間違い電話だと思います。 |

④道案内

| A: Could you tell me the way to the station?
B: Sure. | A: 駅へ行く道を教えていただけますか。
B: いいですよ。 |

POINT 2 機能別に会話表現をおさえる!

①感謝する

That's very kind of you.	ご親切にありがとうございます。
A: Shall I help you? B: No, that's OK. **Thank you** all the same.	A: お手伝いしましょうか。 B: いいえ，結構です。でもありがとう。

②提案する

A: **How about eating** out tonight? B: Yes, that's a good idea.	A: 今夜，外食するのはどう? B: ええ，それはいい考えね。
Why don't you take a day off tomorrow?	明日，(会社を)休んだらどう?
Why don't we go to see a movie? (=Let's go to see a movie.)	映画を見に行きましょうよ。

③意見・感想を求める

What do you think of this plan?	この計画についてどう思いますか。
How do you like your new school?	新しい学校はどうですか。

④断る

| A: Would you like to go to see a movie?
B: I wish I could. / I'm afraid I can't. | A: 映画を見に行かない?
B: そうできればよいのですが。／残念ながら行けません。 |

⑤同情する

I'm sorry to hear that.	それはお気の毒です。
That's too bad, but cheer up!	それは大変ですね，でも頑張って!

Practice ··· 練習問題

次の四つの会話文を完成させるために，**(1)** から **(5)** に入るものとして最も適切なものを **1, 2, 3, 4** の中から一つ選びなさい。

(1)   *A*: Hello. May I speak to Ms. Benson, please?
　　　 B: I'm sorry. (　**1**　)
　　　 A: Well, can I leave a message?
　　　 B: Hold on, please. I'll get a pen.

　　　 1 She's not in at the moment.　　2 You have the wrong number.
　　　 3 You can go out and see her.　　4 She can see you now.

(2)   *A*: Where did you go last Monday? You weren't at home when I called.
　　　 B: (　**2**　)
　　　 A: That's too bad. Are you all right now?
　　　 B: Yes, I am!

　　　 1 I went to a concert by my favorite singer with my sister.
　　　 2 I went to see the doctor because I had the flu.
　　　 3 I went to see my uncle at the hospital. He broke his arm.
　　　 4 I worked late and I got home at midnight.

(3)   *A*: Ben, I'm going to Australia this summer.
　　　 B: Really? I've always wanted to go there.
　　　 A: Would you like to come with me?
　　　 B: I wish I could. (　**3**　)

　　　 1 We plan to go to Australia with you.
　　　 2 I'll get a passport.
　　　 3 I have to work all through summer.
　　　 4 We can go to New Zealand too.

Answers
解答と解説　Term 2

(1) 　A: もしもし，ベンソンさんをお願いしたいのですが。
　　　B: 申し訳ありません。ただいま席を外しております。
　　　A: では，伝言をお願いできますか。
　　　B: そのままお待ちください。ペンを取ってまいります。
　　　1 ただいま席を外しております。
　　　2 (電話)番号が違います。
　　　3 外出して会うことができます。
　　　4 今あなたに会うことができます。

電話での会話。「ベンソンさんをお願いしたいのですが」と言う A に対して，B が I'm sorry. と答えていることから，**1** と **2** のどちらかが正解と考えられる。後半で A が伝言を頼んでいることから，間違い電話ではないとわかるので，正解は **1**。B の 2 回目の発言中の Hold on, please.「そのままお待ちください」も電話での定型表現なので，おさえておきたい。　　　**解答 1**

(2) 　A: この前の月曜日はどこに行ったの？　僕が電話をしたとき，いなかったよね。
　　　B: インフルエンザにかかったので医者に診てもらいに行ったんだ。
　　　A: それは大変だね。もう大丈夫なの？
　　　B: うん，大丈夫だよ！
　　　1 姉[妹]と一緒に大好きな歌手のコンサートに行ったんだ。
　　　2 インフルエンザにかかったので医者に診てもらいに行ったんだ。
　　　3 病院におじを訪ねたよ。彼は腕を骨折したんだ。
　　　4 遅くまで仕事をしていて，夜中に帰ってきたんだ。

空所直後で A が That's too bad. といたわりの気持ちを表し，さらに Are you all right now? と言っていることから，B は病気になったかけがをしたと考えられる。正解は，「インフルエンザにかかって医者に行った」とある **2**。see the doctor は「医者に診てもらう」という意味。　　　**解答 2**

(3) 　A: ベン，私はこの夏オーストラリアに行くのよ。
　　　B: 本当？　僕はずっとそこに行きたかったんだ。
　　　A: 一緒に行かない？
　　　B: そうできたらいいのだけど。夏の間ずっと仕事をしないといけないんだ。
　　　1 僕たちは君と一緒にオーストラリアに行くつもりだよ。
　　　2 パスポートを取得するよ。
　　　3 夏の間ずっと仕事をしないといけないんだ。
　　　4 僕たち，ニュージーランドにも行けるね。

A の 2 回目の発言 Would you like to ～？は，「～しませんか」と相手を誘う表現。「一緒にオーストラリアに行きませんか」と誘われて B が I wish I could. と答えていることに注意。これは仮定法で，「そうできたらいいのだけど(実際にはできない)」という意味。したがって，一緒に行けない理由を述べている **3** が正解。　　　**解答 3**

137

Practice　練習問題

　　A: Where do you want to eat dinner tonight?
　　B: (　4　)
　　A: Not again. Let's try somewhere else.
　　B: How about Chinese then?
　　A: Do you have any particular restaurant you want to go to?
　　B: (　5　)
　　A: That sounds good. How can we go there?
　　B: Let's take a bus.

(4)　1　I know a good Chinese restaurant.
　　　2　The food there is very good.
　　　3　I'll cook dinner for us.
　　　4　Why don't we go to that Italian restaurant?

(5)　1　How about the one in the Region Hotel?
　　　2　How do you know I want to go to that restaurant?
　　　3　I don't have any. I'll leave it up to you.
　　　4　There's one just around the corner.

Answers

解答と解説　Term 2

A: 今夜はどこで夕食を食べたい？
B: あのイタリアンレストランに行こうよ。
A: やだ，また？　どこか別のところにしましょうよ。
B: じゃあ，中華料理はどう？
A: どこか特に行きたいレストランはあるの？
B: リージョンホテルの中のレストランはどうかな。
A: いいわね。どうやって行けばいいの？
B: バスに乗ろう。

(4)　1　おいしい中華料理店を知っているよ。
　　2　そこの料理はとてもおいしいよ。
　　3　僕たちのために僕が料理を作るよ。
　　4　あのイタリアンレストランに行こうよ。

話題は夕食に行く場所について。空所の前で A が Where 〜？と尋ねていることと，空所の後で Let's try somewhere else.「どこか別のところにしましょうよ」と言っていることから，B は食事場所の提案をしたと考えられる。正解は 4 で，Why don't we 〜？は「(一緒に)〜しようよ(＝ Let's 〜)」と提案するときの表現。1 も場所の提案にはなるが，その後で B が代替案として中華料理を提案しているので，文脈に合わない。

解答 4

(5)　1　リージョンホテルの中のレストランはどうかな。
　　2　僕がそのレストランに行きたいってどうしてわかるの？
　　3　どこもないな。君に任せるよ。
　　4　そこの角を曲がったところに 1 軒あるよ。

空所の後で A が That sounds good.「それはいいわね」と言っているので，2 や 3 は不適。4 は B の最後の発言の Let's take a bus. と内容的に合わない。したがって，正解は 1。How [What] about 〜？は，「〜についてはどうですか」と何かを提案するときの表現。

解答 1

筆記 3

短文中の語句整序 ②

今日の目標
選択肢から重要構文を見抜こう！

第5日で学習した熟語，会話表現に続いて，今日は語句整序問題のもう1つのポイント「重要構文」についてまとめよう。構文は文法と関係が深く，筆記3では文法力が問われているとも言える。

POINT 1 重要構文を見抜く!

問題文と与えられた選択肢から，空所を含む文の主語，動詞をまず見つけよう。その後，残った選択肢から重要構文を見抜く。次の2つの例題で，よく狙われる2つの重要構文とその関連構文を見てみよう。

例題 1

During the speaking test in French class today, Sarah (　　　) the questions well. She doesn't think that she will get a good grade.

1 so nervous　　2 was　　3 she couldn't
4 that　　5 answer

(08-2)

訳 今日のフランス語の授業のスピーキングテストで，サラは<u>とても緊張して</u>質問にうまく<u>答えることができなかった</u>。彼女は良い成績ではないだろうと思っている。

解説 空所の直前に Sarah という名詞があるので，これを主語だと判断し，次に動詞 was がくると考える。残った語句から，so ～ that ...「とても～なので…」の構文が見抜けるかどうかがカギ。

解答：was so nervous that she couldn't answer (2-1-4-3-5)

■関連構文
such (+ a[an] +形容詞) +名詞+ that ...「とても～な(名詞)なので…」
▶ John is **such a kind boy that** he is loved by everyone.
（ジョンはとても親切な少年なのでみんなに好かれている）

too ＋形容詞［副詞］（＋ for 名詞）＋ to *do*「～するには…すぎる」
▶ I'm **too excited to sleep**. (興奮しすぎて眠れないよ)

形容詞［副詞］＋ enough（＋ for 名詞）＋ to *do*「～するのに十分…だ」
▶ Sarah is not **old enough to drive** a car. (サラは車を運転できる年齢ではない)

例題 2

A: Did Wendy go swimming with you last Saturday?
B: No. She said (　　　) the energy to go swimming.

1 the　　　2 time　　　3 neither
4 she had　　5 nor

(06-1)

訳
A: ウェンディはこの前の土曜日にあなたと泳ぎに行ったの？
B: いいや。彼女は泳ぎに行く時間もエネルギーもないと言っていたよ。

解説
与えられた語句を見て，neither *A* nor *B*「*A* も *B* も～でない」を見抜く。直前の said の後には接続詞 that が省略されていて，後に文が続くと考え，まず＜主語＋動詞～＞である she had を選ぶ。neither *A* nor *B* の *A* と *B* は，the time と the energy であると判断する。

解答：she had neither the time nor（4-3-1-2-5）

■関連構文

A as well as *B*「*B* と同様に *A* も」　　both *A* and *B*「*A* も *B* も両方とも」
either *A* or *B*「*A* か *B* か」　　　　　　not *A* but *B*「*A* ではなく *B*」
not only *A* but also *B*「*A* だけでなく *B* も」

■この構文が出題された！

can't help *doing*	～せざるを得ない
forget *doing*	（過去に）～したことを忘れる
had better not *do*	～しない方がよい
not as ～ as …	…ほど～でない
Some ～, while others …	～もあれば，…もある
the first time ＋ S ＋ V	初めて～したとき
the instant ＋ S ＋ V	～するとすぐに
the way ＋ S ＋ V	～する方法，～する様子
what to *do*	何を～すべきか
wherever you go	あなたがどこに行っても
whether ～ or not	～であろうとなかろうと

Practice　練習問題

次の英文がそれぞれ完成した文章になるように，その文意にそって **(1)** から **(8)** までの **1** から **5** を並べ替えなさい。そして **2番目** と **4番目** にくる最も適切なものを一つずつ選びなさい。

(1)　*A*: How many children did your grandparents have, Yoko?
　　　B: They had eight. But they (　　) them all.
　　　1　enough　　　2　to　　　　3　were
　　　4　wealthy　　　5　raise

(2)　It doesn't really matter (　　) make it for Christmas, but it's important to spend Christmas with the people you care about; your family and your friends.
　　　1　whether　　　2　buy　　　3　you
　　　4　a cake　　　　5　or

(3)　*A*: This magazine says the movie *Italian Restaurant* is very funny. Why don't we rent the video?
　　　B: Oh, Sam. Are you all right? Don't (　　) the movie theater with me?
　　　1　in　　　　　2　watching　　3　remember
　　　4　it　　　　　5　you

(4)　Sherry had studied hard for the entrance exams to college. When she heard she had been admitted, she (　　) a word.
　　　1　was　　　　2　happy　　　3　say
　　　4　too　　　　5　to

Answers 解答と解説 Term 2

(1) A: あなたの祖父母には何人子どもがいたの，ヨウコ？
B: 8人よ。でも，彼らには8人全員**を育てるだけの財力があった**のよ。

選択肢から，この文が〜 enough to do「…するのに十分〜」の構文であることを見抜く。空所を含む文の主語は，空所直前の they。動詞は選択肢から were がくると考える。wealthy は「財力のある，裕福な」，raise は「〜を育てる」という意味。
▶正しい語順　were wealthy enough to raise　　　**解答** 4-2

(2) クリスマスに**ケーキを買うか**作るかはあまり問題ではなく，クリスマスをあなたにとって大切な人，つまり家族や友人とともに過ごすことが大切なのです。

It doesn't matter that 〜 は「〜は問題ではない」という意味。選択肢から，この問題では文頭の It は whether 以下を受けていると考える。whether A or B で「A か B か」という意味。
▶正しい語順　whether you buy a cake or　　　**解答** 3-4

(3) A: この雑誌に映画の『イタリアン・レストラン』がとても面白いって書いてあるよ。ビデオを借りようよ。
B: あら，サム。あなた大丈夫？　私と一緒に映画館**でそれを見たのを覚え**てないの？

空所を含む文は Don't 〜? の否定疑問文。したがって Don't の次には主語 you がくると考える。動詞は remember で，remember doing「（過去に）〜したことを覚えている」。なお remember to do は「忘れずに〜する」で，remember は目的語に動名詞をとる場合と to 不定詞をとる場合で意味が異なるので注意。forget doing と forget to do も同様。
▶正しい語順　you remember watching it in　　　**解答** 3-4

(4) シェリーは大学入試に向けて一生懸命に勉強してきた。入学が認められたと聞いたとき，彼女は**うれしくて一言も話せなかった**。

与えられた選択肢から，too 〜 to do「あまりにも〜で…できない」の構文であることを見抜く。空所直前が she なので，次に動詞 was が続くと考える。admit はここでは「〜の入学を認める」という意味。
▶正しい語順　was too happy to say　　　**解答** 4-5

Practice 練習問題

(5) Emily is going to perform at the piano concert next week, so she (　　) on weekends now.
 1 weekdays 2 only on 3 but also
 4 not   5 practices

(6) Last Sunday I went to a class reunion for the first time in 20 years. I recognized Kelly (　　). She was a good friend of mine during my school days.
 1 the   2 her   3 I
 4 moment   5 saw

(7) *A*: Hey, Lisa. Did you watch Bean's comedy show on TV last night?
 B: Yes. I don't like him very much, but I (　　) funny jokes.
 1 his   2 help   3 at
 4 couldn't   5 laughing

(8) *A*: Jack, I will take you fishing tomorrow. Can you get up early in the morning?
 B: Sure, Dad. I (　　) tonight.
 1 not   2 stay   3 had better
 4 late   5 up

Answers
解答と解説　Term 2

(5) エミリーは来週のピアノコンサートで演奏する予定なので，今，**平日だけでなく週末も練習している**。

空所直前の she は主語だと考えられるので，まず動詞 practices を選ぶ。次に残った選択肢から not only A but also B「A だけでなく B も」の構文を見抜く。A に該当するのが on weekdays，B に該当するのが on weekends である。

▶**正しい語順**　practices not only on weekdays but also　　　**解答** 4-1

(6) この前の日曜日，私は20年ぶりにクラス会に出かけた。**ケリーを見るとすぐに彼女だとわかった**。ケリーは私の学生時代の良い友達であった。

the moment ＋ S ＋ V で「～するとすぐに」という意味を表す。the moment は as soon as と同じ働きをする。ほかに the instant, the minute にも同じような使い方がある。

▶**正しい語順**　the moment I saw her　　　**解答** 4-5

(7) *A:* やあ，リサ。昨夜，テレビでビーンのコメディーショーを見た？
　B: ええ。彼のことはあまり好きじゃないけど，**彼の面白い冗談に笑わざるを得なかったわ**。

選択肢から can't help doing「～せざるを得ない」を見抜くのがポイント。この問題は過去形の文なので can't が couldn't になっている。laugh at ～は「～を笑う」。his は空所の後の funny jokes と結びついて「彼の面白い冗談」という名詞句になる。

▶**正しい語順**　couldn't help laughing at his　　　**解答** 2-3

(8) *A:* ジャック，明日，釣りに連れて行くぞ。早起きはできるかな？
　B: もちろんさ，父さん。今夜は**夜更かししない方がいいね**。

had better do は「～する方がよい」という意味を持つ助動詞的な表現だが，この否定形は had better not do となることに注意したい。stay up late「夜更かしをする」という熟語もあわせておさえておこう。

▶**正しい語順**　had better not stay up late　　　**解答** 1-5

筆記 4

Term 2 第16日

長文の語句空所補充 ②

今日の目標
接続表現を中心に長文を攻略しよう！

Term 1 の第 6 日では，同じ内容の言い換えに着目することを学習したが，今日は接続表現に着目して問題を解く方法を学ぼう。接続表現は，文と文を結び，文章全体に流れを作る表現で，長文読解で非常に重要である。

POINT 1 接続表現を確認！

接続表現とは，文と文をつなぐ働きを持つ表現で，次のようなものがある。
①接続詞
if「もし〜ならば」, because「〜なので」, when「〜するとき」, while「〜する間，〜する一方」, though [although]「〜だけれど」, so「だから〜」, but「しかし〜」, for「というのは〜」など
②副詞
however「しかしながら」, therefore「それゆえに」, moreover「さらに」, nevertheless「それにもかかわらず」など
③副詞句(前置詞句)
for example「例えば」, as a result「その結果」, in addition「さらに」, on the other hand「その一方で」, at first「最初は(〜だが)」, even so「たとえそうでも」, in other words「言い換えれば」など

POINT 2 接続表現から文章の流れを読み取る！

接続表現は 2 つの文をある関係で結びつけ，文章全体に流れをつくる働きがある。
例 A ＋ however ＋ B (B には A と対立する内容がくる)
　　A ＋ for example ＋ B (B は A の具体例になっている)
空所補充問題としては，①2 つの文の関係を考えて，接続表現そのものを選ぶタイプの問題，②接続表現から 2 つの文の関係を理解して文脈に合う語を選ぶタイプの問題がある。次の例題を見てみよう。

Special Guests

The Hotel Pennsylvania is located in Manhattan, in the heart of New York City. As one might expect, the hotel's customers are usually businesspeople or tourists. (36), for a few days in February each year, the hotel is filled with hundreds of dogs. This is because the largest dog show in the United States, the Westminster Kennel Club Dog Show, is held at Madison Square Garden, just across the street from the hotel.

About 2,600 dogs come to take part in the show each year, and a third of them stay at the Hotel Pennsylvania. The hotel even has an official "dog concierge," whose job is to make sure that both the dogs and their owners enjoy their stay. The Westminster show is held in the middle of winter, and it often snows in New York then. Owners worry about their dogs being (37) in such weather, so the hotel prepares a room covered with sawdust that the dogs use as a toilet. There are also baths and hair dryers, and even a massage service for the dogs. In addition, the hotel organizes other events, such as a fashion show with designer clothes for dogs.

Only top dogs are chosen to take part in the Westminster show, and their owners always want them to receive the best service. Owners often ask staff members at the hotel for unusual things. One woman even asked for seven warm cheeseburgers for her dog. Although only a few dogs will eventually go home with prizes from Westminster, every dog is treated like a (38) at the Hotel Pennsylvania.

(36) 1 Therefore 2 However
　　 3 For example 4 As a result
(37) 1 outside　2 noisy　3 together　4 hungry
(38) 1 waiter　2 stranger　3 winner　4 trainer

(06-3)

訳

特別なお客さま

　ペンシルバニアホテルは，ニューヨーク市の中心部であるマンハッタンにある。当然予想されるように，このホテルの宿泊客は通常，ビジネスマンと観光客である。しかし，毎年2月の数日間は，ホテルは何百匹もの犬でいっぱいになる。これは，全米最大のドッグショーであるウェストミンスター・ケンネルクラブ・ドッグショーが，ホテルのちょうど真向かいに位置するマディソンスクエアガーデンで開催されるからである。

　毎年およそ2,600匹もの犬がこのショーに参加するためにやって来て，その3分の1がペンシルバニアホテルに滞在する。ホテルには，犬と飼い主がともに滞在を楽しめるようにすることを仕事とする正式な「犬のコンシェルジュ（案内係）」までいるのである。ウェストミンスターのショーは真冬に開かれるので，開催時にニューヨークでは雪が降ることがよくある。飼い主たちはそのような天候下で飼い犬が外にいることを心配するので，ホテルは犬がトイレとして利用するおがくずが敷き詰められた部屋を用意している。また，犬のための風呂，ヘアドライヤーに，マッサージサービスまである。さらに，ホテルは犬のブランド服のファッションショーのようなほかの行事も企画している。

　トップクラスの犬だけがウェストミンスターのショーに選ばれて参加でき，飼い主たちは彼らの犬が最高のサービスを受けることを常に望んでいる。飼い主たちはホテルの職員に変わったことを頼むことがよくある。ある女性は犬のためにほかほかのチーズバーガー7つを頼んだ。最終的には数匹の犬だけがウェストミンスターの賞をもらって帰るのだが，ペンシルバニアホテルではどの犬も勝者のようにもてなされるのである。

解説

　2月にニューヨークで開催されるドッグショーに参加する犬と飼い主のために特別なサービスをするホテルの話である。

- **(36)** 接続表現そのものを問う問題である。空所の前の文は「ホテルの宿泊客は通常，ビジネスマンと観光客である」という内容。空所の後の文は「毎年2月の数日間は，何百匹もの犬でいっぱいになる」。この2つの文を結ぶのに適切な接続表現は，逆接の2「しかしながら」である。1「それゆえ」，3「たとえば」，4「その結果」。

- **(37)** 空所直後の in such weather とは，前で述べられている雪が降るような寒い天候を表している。その weather の後にある so「そのため」が接続表現である。so の前の部分が後ろの理由になっていることに着目しよう。ホテルがおがくずを部屋に敷

き詰め，犬がそこをトイレとして利用できるようにした理由は，犬がそのような天候でどんな状態にあることを飼い主が心配するためなのかを考える。正解は **1** で，犬が「外に」いることを心配するのである。**2**「騒がしい」，**3**「一緒に」，**4**「おなかのすいた」。

(38) 空所を含む文が Although という逆接を表す接続詞で始まることに着目する。最終的にドッグショーで賞を受賞する犬は少数だが，すべての犬がホテルではどんなもののように扱われるかを考える。正解は **3** の「勝者」である。**1**「ウェイター」，**2**「見知らぬ人」，**4**「訓練師」。

解答：(36) 2　(37) 1　(38) 3

Practice 練習問題

1 次の英文を読み，その文意にそって (1) と (2) の ( ) に入れるのに最も適切なものを 1, 2, 3, 4 の中から一つ選びなさい。

Learning Something New

Masao had always wanted to learn kung fu. He had seen a lot of Chinese kung fu movies, and they always seemed so exciting. Masao finally decided to study kung fu at a local sports center. However, he was (**1**) to find it was nothing at all like what he had seen in the movies. Masao had to spend a lot of time practicing basic kung fu "forms." During the forms, Masao practiced kicks or punches hundreds of times. It was boring for him.

As Masao continued to practice, though, he realized that kung fu is not about fighting. It is an art and lifestyle. His teacher talked a lot about the need to respect others and act politely toward them. These days, Masao is learning kung fu slowly. It is not easy. However, he is happy to (**2**) its true meaning. Moreover, it helps him to lead a better life as a student and a family member.

(1)   1 disappointed   2 rejected   3 lost   4 excluded
(2)   1 discover   2 prepare   3 permit   4 change

Answers

解答と解説 Term 2

新しいことを学ぶこと

　マサオはカンフーを習いたいといつも思っていた。彼は中国のカンフー映画をたくさん見ていて，それらはいつも面白く思えたのである。マサオはついに地元のスポーツセンターでカンフーを学ぶことに決めた。しかしながら，それは彼が映画で見たものとはまったく違っていたことがわかり，がっかりした。マサオは基本的なカンフーの「型」を練習するのに多くの時間を費やさねばならなかったのである。型をとりながら，蹴りや打ちを何百回も練習した。それは彼にとって退屈なことであった。

　しかし，マサオは練習を続けるうちに，カンフーが闘うことを目的とするのではないことがわかった。それは芸術であり，生き方なのだ。彼の先生は，人を敬い，人に対して礼儀正しく振る舞うことの必要性について多く語った。このごろ，マサオはカンフーをじっくり学んでいる。それはたやすいことではない。しかし，その本当の意味がわかってうれしいのである。さらに，そのことは彼が学生として，あるいは家族の一員としてより良い生活を送る手助けとなっているのである。

(1) 空所の前にある However「しかしながら」という逆接の接続表現に着目する。マサオは映画を見てカンフーが面白いものであると思い，期待して習い始めたが，この However から彼の期待が裏切られたことが予想できる。正解は 1 で，be disappointed to do「〜してがっかりする」。2「拒否された」，3「失われた」，4「排除された」。　　**解答 1**

(2) 直後の its true meaning「その本当の意味」を目的語にとって意味の通る動詞を選ぶ。正解は 1 で，discover its true meaning で「その本当の意味がわかる」という意味。2「準備する」，3「許可する」，4「変える」。　　**解答 1**

Practice 練習問題

2 次の英文を読み，その文意にそって (1) から (3) までの (　) に入れるのに最も適切なものを **1, 2, 3, 4** の中から一つ選びなさい。

Personal Transportation Devices

Personal Transportation Devices (PTDs) are small, one-person scooter-type vehicles. They have become increasingly popular in America because they are both convenient for short distances and much more environmentally friendly than cars. Most PTDs are not much wider than human bodies, so they can go anywhere a human can walk — even indoors. PTDs are ideal for carrying people around school campuses, downtown areas, or company grounds. (**1**) PTDs can only be used for a few kilometers, they are ideal for travel anywhere within that limited area. Since they are usually powered by batteries, there is also no pollution. The most well-known PTD is the Segway, invented by Dean Kamen.

However, there have also been some problems with PTDs. They are too small to drive safely on streets, and they can be annoying or even dangerous on city sidewalks. They are also larger and noisier than bicycles. It means that PTDs in recreation areas like beaches or parks may (**2**) others who are relaxing in such places.

There are still many questions and concerns regarding how PTDs will change the future. At present, they cannot reduce the number of cars on highways because many workers who go to jobs far away must still drive their cars or other vehicles. Although PTDs cannot be used like cars now, they should be able to travel much longer distances in the future. The development and growth of their current benefits makes them a (**3**) solution to the global energy and global warming problems seen around the world today.

(1)　1 Although　2 But　3 Unless　4 So
(2)　1 point　2 trouble　3 attach　4 develop
(3)　1 strange　2 discounted　3 possible　4 national

Answers 解答と解説

1人用移動装置

　1人用移動装置(PTD)は小型の1人用のスクータータイプの乗り物である。それは，短距離(移動)に便利であり，車よりもずっと環境にやさしいので，アメリカで人気がどんどん高まってきている。ほとんどのPTDは人の体の幅とそれほど変わりがなく，そのため人が歩けるところならどこでも(室内までも)乗って行くことができる。PTDは学校の敷地内，繁華街地区，会社の敷地内で人々をあちこち移動させるのに理想的なものである。PTDは数キロしか利用できない**けれども**，その限られた範囲内の移動であれば理想的である。ふつう電池で動くので，公害もない。最もよく知られたPTDは，ディーン・カーメンによって発明されたセグウェイである。

　しかしながら，PTDにはいくつかの問題点も生じてきている。それは通りで安全に走るには小さすぎ，都会の歩道では邪魔になるか，あるいは危険にさえなりかねない。また，自転車よりも大きく音もうるさい。それは，ビーチや公園のような行楽地でのPTDが，そのような場所でくつろいでいる**人々の迷惑になる**かもしれないということを意味する。

　PTDが未来をどのように変えるのかについては，依然として多くの疑問と懸念がある。現在のところ，遠くへ仕事に行く多くの労働者は依然として車やそのほかの乗り物で行かなければならないので，PTDは高速道路の車の数を減らすことには役立っていない。今はPTDは車のように利用することはできないが，将来はもっと長い距離を移動できるはずである。PTDの現在の利点が発展，成長することで，それは今日世界中で見られる地球エネルギーあるいは地球温暖化の問題への**実現可能な**解決法となる。

---

(1) 空所を含む文の前半の「PTDは数キロしか利用できない」という否定的な内容と，後半の「その限られた範囲内の移動には理想的である」という肯定的な内容をつなぐのに適切な接続表現を選ぶ。正解は **1** の Although「～だけれども」。従属接続詞でなければならないから，**2** と **4** は不適。　　**解答 1**

(2) この部分の表現が2文前の they can be annoying とほぼ同じ意味であることに着目する。正解は **2** の trouble だが，ここでは「(人)を困らせる」という意味の動詞として用いられている。**1**「指摘する」，**3**「取り付ける」，**4**「発達させる」。　　**解答 2**

(3) 空所を含む文は文章全体のまとめの文。「PTDがさらに発展することで，それが地球温暖化などの問題の実現可能な解決法となる」と述べているのである。**1**「奇妙な」，**2**「割り引かれた」，**4**「国家の」。　　**解答 3**

筆記 5

Term 2 第17日

長文の内容一致選択②

今日の目標
トピックセンテンスを中心に長文を攻略しよう！

英語の段落には「1段落に1つの考え」という原則があり，その考えを提示する文をトピックセンテンスという。これが見つけられるようになると文章の全体構造が見え，問題がぐっと解きやすくなる。今日はトピックセンテンスを意識して長文を読む方法をマスターしよう。

POINT 1 トピックセンテンスは各段落の最初に注目！

英語の文章のそれぞれの段落には，その段落の話題を提示するトピックセンテンスがある。トピックセンテンスはふつう，段落の最初にある。

POINT 2 トピックセンテンスで文章全体の流れを把握！

各段落のトピックセンテンスが理解できた後で，そのトピックセンテンスだけを段落順に読むだけで，その文章の全体像を理解することができる。

POINT 3 トピックセンテンス後の詳しい内容に注目！

英語の段落の基本構成は，①トピックセンテンス→②それを支持する文（→③まとめ）である。②ではトピックセンテンスについてより詳しい説明や理由，具体例などが示される。英検の設問では，この部分の詳しい内容について問われることが多い。

例題

Cycle City

The streets of Paris are often crowded with cars and other vehicles. This traffic makes it difficult to travel around the city and also causes pollution. **In July 2007, the city government introduced a system to help solve these problems.** It parked about 10,000 bicycles at 750 special bicycle stations around the city. People can rent the bicycles and then return them to any of the stations. The city hopes that people will stop using their cars so much and start riding bicycles more often.

This is not the first time that this type of system has been tried. In Amsterdam in the 1960s, hundreds of bicycles were put on the streets for anyone to use for free. Unfortunately, many of the bicycles were damaged or stolen, and the system had to be stopped.

The city government of Paris is trying to avoid these problems. The bicycles it is using are strong and do not get damaged easily. Also, people must pay a fee by credit card to use the bicycles. The fee is low for the first hour so that people will return the bicycles quickly. But if the bicycle is not returned within 24 hours, 150 euros will be taken from their credit card.

Although the bicycles are already being widely used, it is too soon to tell what effect they are having on the environment. The people who rent the bicycles may not be people who have stopped driving cars. In addition, it is not always possible for drivers to start riding bicycles. People who travel long distances or need extra space because they do a lot of shopping still use cars. However, the Paris bicycle system has been getting a lot of attention around the world, and other cities are thinking about copying it.

(42) One reason why the bicycle system in Paris was introduced was to
　1 increase the sale of bicycles.
　2 reduce traffic on the streets.
　3 make it easier for people to park their bicycles.
　4 teach people that they need exercise.

(43) What is one reason the bicycle system in Amsterdam did not work?
　1 The bicycles cost too much to rent.
　2 People preferred to use their friends' bicycles.
　3 The streets were dangerous to ride bicycles on.
　4 Many of the bicycles were never returned.

(44) How can people use a bicycle in Paris for a low fee?

1 By paying the bicycle fee in cash.
2 By parking the bicycle at their home.
3 By repairing the bicycle before returning it.
4 By using the bicycle for a short time.

(45) Why are some people not using the bicycle system?
1 They have too many things to carry.
2 They do not like the design of the bicycles.
3 They cannot understand how the system works.
4 They have to park the bicycles too far from stores.

(08-1)

> 訳

自転車都市

パリの通りは車やほかの車両でしばしば混雑する。この交通状態のために都市内を移動するのは困難であり，また公害も発生している。**2007年7月，市当局はこれらの問題を解決するのに役立つシステムを導入した。**市内750か所の特別な駐輪場に約1万台の自転車を設置したのである。人々はその自転車を借りることができ，使用後はどの駐輪場にでも返却できる。市は，人々が車をあまり使わなくなり，もっと頻繁に自転車に乗り始めることを期待している。

この種のシステムが試みられたのは今回が初めてではない。1960年代にアムステルダムでは，何百台もの自転車が，誰でも無料で利用できるように通りに設置された。残念なことに，自転車の多くは壊されたり盗まれたりして，そのシステムは中断を余儀なくされた。

パリ市当局は，この問題を回避しようと努力している。使用している自転車は頑丈で簡単には壊れない。また，その自転車を使うためにはクレジットカードで使用料を払わなければならない。自転車が早く返却されるように，最初の1時間は使用料が安い。しかし，もし自転車が24時間以内に返却されなければ，150ユーロがクレジットカードから引き落とされてしまうのである。

自転車はすでに広く利用されているが，それが環境にどんな影響を与えているかを判断するにはまだ早すぎる。その自転車を借りる人が車の運転をやめた人ではないかもしれない。また，車を使う人にとって自転車に乗り始めることが必ずしも可能であるとは限らない。長距離を移動したり，買い物をたくさんしたりするために，余裕のある荷台スペースが必要な人は，依然として車を利用している。しかしながら，パリの自転車システムは世界中で多くの注目を集めてきており，それに倣おうと考えているほかの都市もある。

(42) パリの自転車システムが導入された理由の1つは，
1 自転車の売り上げを伸ばすことだった。
2 通りの交通量を減らすことだった。
3 人々が駐輪しやすくすることだった。
4 運動が必要であることを人々に教えることだった。

(43) アムステルダムの自転車システムが機能しなかった理由の1つは何ですか。
1 自転車を借りるのに料金が高すぎたから。
2 人々が友人の自転車を利用する方を好んだから。
3 通りが自転車を乗るには危険だったから。
4 自転車の多くが返却されなかったから。

(44) 人々はどのようにして，低料金でパリの自転車を利用できますか。
1 自転車の使用料を現金で払うことによって。
2 自宅にその自転車をとめることによって。
3 返却する前に自転車を修理することによって。
4 自転車を短時間利用することによって。

(45) その自転車システムを利用しない人もいるのは，なぜですか。
1 荷物が多すぎて運べないから。
2 自転車のデザインが気に入らないから。
3 そのシステムがどのように機能するのか理解できないから。
4 店からかなり離れた場所に駐輪しなくてはならないから。

解説

青字部分が各段落のトピックセンテンスである。文章の内容を，トピックセンテンスを中心に整理すると，以下のようになる。
第1段落：(第3文)2007年7月に新しいシステムを導入した。
　→(第4文～)システムの具体的な内容の説明。
第2段落：(第1文)このシステムの導入は初めてのことではない。
　→(第2文～)1960年代のアムステルダムでのシステムの失敗。
第3段落：(第1文)市当局はこの問題を回避しようとしている。
　→(第2文～)頑丈な自転車と新しい使用料金システムの導入。
第4段落：(第1文)システムが環境に与える影響はまだ定かでない。
　→(第2文～第4文)車に乗る人が必ずしも減ったわけではない。

(42) 第1段落第1，2文に「車やほかの車両で通りが混雑し，移動が困難で公害も発生している」とあるので，正解は2。1，3，4は，いずれも本文にそのような記述がないので，不適。

(43) 第2段落の最後の文に「自転車の多くは壊されたり盗まれたりした」とあるので，正解は4。1は，同じ段落の第2文に誰でも無料で利用できたという説明があるので，不適。2，3は，本文にそのような記述がないので，不適。

(44) 第3段落第4文に「最初の1時間は使用料が安い」とあるので，正解は4。1は，同じ段落の第3文に「クレジットカードで使用料を払わなければならない」とあるので不適。2，3は，本文にそのような記述がないので，不適。

(45) 第4段落第4文に「長距離を移動したり，買い物をたくさんしたりするために，余裕のある荷台スペースが必要」とあるので，正解は1。2，3，4は，いずれも本文にそのような記述がないので，不適。

解答：(42) 2　(43) 4　(44) 4　(45) 1

Practice

1 次の英文の内容に関して，**(1)** から **(3)** までの質問に対して最も適切なもの，または文を完成させるのに最も適切なものを **1, 2, 3, 4** の中から一つ選びなさい。

From: Alicia Ferris <aliciaf@digicon4000.com>
To: Rick Weinstein <rick.weinstein@hyperphoto.co.uk>
Date: April 19, 2009
Subject: Suggestion for our project

Dear Rick,

How are things in London? I guess the weather must be quite different from here in Miami! I have a few ideas about our Globe Photo project. As you know, our two companies have been working on this for about 18 months now. You provide the photos, and we use our digital technology to put those photos on the Web. I believe that we make a good product for all of our customers.

So far, we've been able to place over 20,000 photos online, and we have about 75,000 members. However, we're thinking that maybe we should do things differently. Until now, we've been mostly working with family-type photos: kids, parks, animals, and things like that. We think that more action photos would be more popular. Photos of things like racecars, pro sports stars, or jet planes have special qualities that would interest younger people. What do you think about my suggestion to provide other kinds of products?

Please think it over, and e-mail me back with your ideas about this. Later, we could set up a video phone meeting so we can talk about things.

Have a great day.

Yours truly,

Alicia

(1) For 18 months, Rick and Alicia's companies have been
   1 building an international office.
   2 offering products together.
   3 discussing a big purchase.
   4 researching new markets.

(2) What is Alicia writing to Rick about?
   1 The need to get customer feedback.
   2 The need to improve communication.
   3 The need to make a product change.
   4 The need to reduce online costs.

(3) What does Alicia ask Rick to do?
   1 Look at the action photos.
   2 Consider using a new technology.
   3 Give his opinion.
   4 Cancel the meeting.

Answers

送信者：アリシア・フェリス <aliciaf@digicon4000.com>
受信者：リック・ウェインスタイン <rick.weinstein@hyperphoto.co.uk>
日付：2009年4月19日
件名：プロジェクトに対する提案

リックへ

　ロンドンではいかがお過ごしですか。きっと天候はここマイアミとは，かなり異なることと思います！　私たちのグローブ・フォト・プロジェクトについて，私にいくつか考えがあります。ご存じのように，私たち2社は約18か月の間，これに取り組んでいます。あなた方が写真を提供し，その写真をウェブに載せるのに私たちのデジタル技術を使っています。私たちは顧客の皆さまにとって良い製品を作っていると思います。

　これまでのところ，私たちは2万枚以上の写真をインターネットに載せることができ，約7万5千人の会員がいます。しかし，私たちは違った形でする方がいいのではないかと考えています。今まで私たちは，子どもや公園，動物などファミリータイプの写真を主に扱ってきました。もっと活動的な写真の方が人気があるのではないかと私たちは考えています。レーシングカーやプロスポーツのスター，ジェット機のようなものを被写体とする写真はより若い世代の人々の興味を引きつける特別な性質があります。ほかの種類の製品も供給するという私の提案についてあなたはどのようにお考えですか。

　それについて考えて，このことについてのあなたの考えをEメールでお返事ください。その後で，いろいろなことについて話し合えるようにテレビ電話会議を設けたいと思います。
ごきげんよう。
敬具
アリシア

　ヘッダーにある件名から，用件は「提案」であることがわかる。アリシアとリックがどのような関係であるのかを理解した上で，今回のメールの用件である「提案」が具体的に何なのかを読み取る。

■重要語句
第1段落：be different from ～「～と異なる」，work on this「これに取り組む」(this は Globe Photo project を指す)
第2段落：do things differently「物事を違った形でする」, and things like that「～など」
第3段落：think it over「それについて考える」，a video phone meeting「テレビ電話会議」, so (that)＋S＋can ～「Sが～できるように」

(1) 18か月間，リックとアリシアの会社は，
1 国際的なオフィスを建設している。
2 一緒に製品を提供している。
3 大きな買い物について話し合っている。
4 新しい市場について調査している。

第1段落のトピックセンテンスは，第3文 I have a few ideas about our Globe Photo project. である。これ以降，この段落ではこのプロジェクトの内容が具体的に説明されている。質問文中の 18 months を手がかりに，第1段落後半の内容を読み取る。　　　　　　　　　　　　　　　　　　　　　　　解答 **2**

(2) アリシアはリックに何について書いていますか。
1 顧客のフィードバックを得る必要性。
2 意思疎通を改善する必要性。
3 製品を変更する必要性。
4 オンラインの経費を削減する必要性。

第2段落のトピックセンテンスは，第2文の However, we're thinking that maybe we should do things differently. である。アリシアはプロジェクトについてこれまでとは違ったやり方を提案しており，その具体的な内容は段落の後半で述べられている。　　　　　　　　　　　　　　　　　　　　　　　解答 **3**

(3) アリシアはリックに何をするように頼んでいますか。
1 活動的な写真を見る。
2 新しい技術の使用を検討する。
3 彼の意見を出す。
4 会議を中止する。

第3段落のトピックセンテンスは第1文の Please think it over, and e-mail me back with your ideas about this. である。質問はまさにこの文が理解できているかどうかを問うている。**2** は，アリシアの提案内容は新しい技術を使うことではないので不適。　　　　　　　　　　　　　　　　　　　　　　　解答 **3**

Practice

2 次の英文の内容に関して，(1)から(4)までの質問に対して最も適切なもの，または文を完成させるのに最も適切なものを 1, 2, 3, 4 の中から一つ選びなさい。

Songkran

Foreigners who visit Thailand in April may see something surprising. Thai people are usually gentle and kind. But at this time of year, they can be seen throwing water at each other! They may use buckets or water guns. The water fights happen all over Thailand, from the capital city of Bangkok to the smallest villages. To visitors, it probably seems like the whole country is having one huge water war. For this reason, foreigners often call this the Water Festival. Be careful because any foreign tourists may all get very wet during the festival.

However, the Water Festival, or *Songkran* in Thai, is not just a water fight. The most popular religion in Thailand is Buddhism, so most people are Buddhist. The festival is during the Thai New Year. An important part of the festival is to listen to Buddhist monks. They help Thai people clean their bodies and minds. In the same way, water cleans physical things.

Songkran is a time when Thai people use water to wash their homes, temples, and bodies. On the first day of the festival, a museum statue of the Buddha god called Buddhasihing is carried by a large group of people. Thai people throw water on it to clean it. The festival is also a time when families get advice from the older people in the family.

Visitors who come to Thailand during *Songkran* can also go to many different events. These often include folk dances by Thai people in beautiful traditional clothing. Unique Thai art displays are also very popular at this time. People can try a variety of traditional Thai foods (created especially for *Songkran*) at restaurants throughout the nation. *Songkran* is not just about water fights. Foreigners who visit Thailand should remember to learn more about it.

(1) During the *Songkran* festival,
　　1　many Thai people like to travel.
　　2　water guns cannot be used.
　　3　visitors must not stay in big cities.
　　4　tourists should be ready to get wet.

(2) What do Buddhist monks do during *Songkran*?
　　1　They throw water on other monks.
　　2　They make the statue of Buddhasihing.
　　3　They help Thai people feel better.
　　4　They visit families around Thailand.

(3) The festival called *Songkran* is a time when
　　1　Thai people can make money by cleaning homes.
　　2　older family members give advice to their family.
　　3　Thai people build special statues for their country.
　　4　young people get to throw water on older people.

(4) Which of the following statements is true?
　　1　Throwing water is just one part of the festival.
　　2　Thai people do not enjoy the festival.
　　3　The events are a good way to meet foreigners.
　　4　The festival stops people from using a lot of water.

Answers

ソンクラーン

　4月にタイを訪れる外国人は驚くべきものを目にするかもしれない。タイの人々はふつう穏やかで親切である。しかし，1年のこの時期，彼らがお互いに水をかけ合っているところが目撃されるかもしれないのだ！　彼らはバケツや水鉄砲を使う。水合戦は首都バンコクから最も小さな村まで，タイの国中で行われる。観光客にとっては，おそらく国中が1つの大きな水戦争をやっているように思えるであろう。このため，外国人はしばしばこれを「水祭り」と呼ぶ。この祭りの間中には観光客は誰でもずぶぬれになるかもしれないので注意したほうがよい。

　しかし，水祭り（タイ語ではソンクラーン）は単なる水合戦ではない。タイで最も一般的な宗教は仏教なので，ほとんどの人々が仏教徒である。祭りはタイの新年の間に行われる。祭りの重要な要素は僧侶の話を聞くことである。僧侶はタイの人々が肉体と精神を浄化する手助けをする。それと同様に，水は物体を清めるのである。

　ソンクラーンはタイの人々が自分の家，寺，体を清めるために水を使うときである。祭りの初日には，ブダシーンと呼ばれる博物館所蔵の仏像が大勢の人々によって運ばれる。タイ人はそれを清めるために水をかける。祭りはまた，家族の年長者から助言を受けるときでもある。

　ソンクラーンの期間中にタイにやって来る観光客は多くのさまざまな行事にも行くことができる。この中には，美しい伝統的な衣装を着たタイ人による民族舞踊もある。珍しいタイの美術展示もこの時期によく行われる。さまざまな伝統的なタイ料理（ソンクラーンのために特別に作られたもの）も国中のレストランで食べられる。ソンクラーンは単なる水合戦ということではない。タイを訪れる外国人はそれについて忘れずにもっと知っておくべきである。

　タイの行事ソンクラーンについての文章。トピックセンテンスを中心に整理すると，以下のようになる。

第1段落：（第1文）4月のタイでは驚くべきものが見られる。
　→ the Water Festival の具体的な内容についての説明
第2段落：（第1文）Songkran は単なる水合戦ではない。
　→ Songkran の仏教的な意味の説明
第3段落：（第1＋4文）Songkran は家，寺，体を水で清め，家族の年長者から話を聞くときである。
第4段落：（第1文）Songkran の時期にはほかの行事もある。
　→ そのような行事の具体例の説明

(1) ソンクラーン祭りの間,
1 多くのタイ人は旅行に行くのが好きである。
2 水鉄砲は使用できない。
3 観光客は大都市に滞在すべきでない。
4 旅行者はぬれることを覚悟すべきである。

第1段落についての設問。第1文のトピックセンテンスにある something surprising とはソンクラーンのことで，それが国をあげての水合戦であることを読み取る。質問に関係する部分は第1段落の最終文。旅行者もぬれることを覚悟しておくべきなのである。　　　　　　　　　　　　　　　　　　　解答　4

(2) 僧侶はソンクラーンの間，何をしますか。
1 ほかの僧侶に水をかける。
2 ブダシーンの仏像を作る。
3 タイの人々が良い気持ちになる手助けをする。
4 タイの国内中の家族のもとを訪れる。

第2段落のトピックセンテンスは冒頭の「ソンクラーンは単なる水合戦ではない」である。その後に説明されているソンクラーンの仏教的な意味を読み取る。タイの人々は僧侶の話を聞き，身も心も清めるのである。　　　　　　　　　解答　3

(3) ソンクラーンと呼ばれる祭りは，
1 タイ人が家をきれいにすることでお金を稼ぐことができるときである。
2 年長者が家族に助言をするときである。
3 タイ人が国のために特別な仏像を建設するときである。
4 若者が年長者に水をかけるようになるときである。

第3段落のトピックセンテンスは冒頭の一文と最終文である。ソンクラーンの時期に人々が具体的に何をするのかを読み取る。第1文で「家や寺や体を水で清めるとき」とあり，最終文に「家族の年長者から助言を受けるとき」とある。質問は最終文に関係する。　　　　　　　　　　　　　　　　　　　　　　　　　解答　2

(4) 次の文のうち正しいのはどれですか。
1 水をかけるのは祭りの一部分にすぎない。
2 タイ人はその祭りを楽しんでいない。
3 その行事は外国人に会う良い方法である。
4 その祭りは人々がたくさんの水を使うことをやめさせる。

第4段落のトピックセンテンスは冒頭の一文で，この段落ではソンクラーンの期間に外国人旅行者ができることが紹介されている。民族舞踊，美術鑑賞，タイの伝統料理が楽しめる。最後にまとめとして，*Songkran is not just about water fights.* とある。　　　　　　　　　　　　　　　　　　　　　　　　　　　解答　1

165

Term 2 第18日

リスニング第2部

会話の内容一致選択②

今日の目標
人物の行動を整理しながら聞こう!

リスニング第2部は、会話中に人物の行動がいくつも描写され、またそれらが不正解の選択肢としても登場する。したがって、「誰が」「何をしたのか」を正確に聞き取り、「誰についての質問か」をきちんとおさえることが特に重要だ。今日はそのコツを学習しよう。

POINT 1 対話の最初の発話を逃さず聞き取る!

各問題で聞き取るべきポイントは、対話冒頭の発話でおおまかに把握しておこう。

★：Hello. Brady's Department Store.
　・デパートへの電話と把握。
　・用件は何かを聞き取る。
質問：**What** is the woman's **problem**?

☆：Alex, I've decided to study Russian in high school next year.
　・なぜ、ロシア語を学ぶことにしたのかを聞き取る。
質問：**Why** did the girl **decide to study** Russian in high school?

POINT 2 「誰が(主語)」「どうする(動詞)」を軸に聞き取る!

リスニング失敗の原因の1つは、全部を聞き取ろうとしてあるか所でつまずき、その先の聞き取りができなくなることにある。聞くべきポイントを「誰が(主語)」「どうする(動詞)」に絞ってしまおう。次に、それを軸にして「何を(いつ/どこで/なぜ)するのか」を聞き取るようにしていく。例えば、I'm going to send … と聞こえたら、「何を」「誰に」「いつ」「どこへ」「どのようにして」送るのかを意識しながら次を聞いていこう。

POINT 3 Question の主語に注意!

第2部では「僕は〜するけど、君は?」「私は…するわ」というように、対話で2人の考えや行動の違いが対比されることがある。このような放送文の場合、不正解の選

択肢にもう一方の話者の行動が出現することがあるので，誰についての質問か，質問の主語を注意して聞くようにしよう。次の例題を見てみよう。

CD 45

例題

放送される英文：
★：Do you want to see a movie tonight, Carrie?
☆：Yeah. I'd really like to see the new action movie that's playing at the Palace Theater.
★：Oh. Actually, I was thinking of renting a movie and watching it at my house.
☆：Well, that would be OK, too.

Question: What does the man want to do tonight?
選択肢：
1 Go to the Palace Theater.
2 Watch a movie at home.
3 Record a new program on TV.
4 Borrow a movie from Carrie.

(07-3)

訳

★：キャリー，今夜映画を見たくないかい？
☆：そうね。パレス劇場で上映している新作のアクション映画をぜひ見たいわ。
★：うーん。でもね，僕は映画を借りてきて僕の家で見ようと思っていたんだよ。
☆：ええ，それでもいいわよ。
質問：男性は今夜何をしたいのですか。
1 パレス劇場へ行く。　　　　2 家で映画を見る。
3 テレビの新番組を録画する。　4 キャリーから映画を借りる。

解説

男性：Do you want to see a movie ... ?「映画を見たい？」→女性：see the …action movie ... at the Palace Theater「パレス劇場でアクション映画を見たい」→男性：renting a movie and watching it at my house「映画を借りてきて家で見る」→女性：OK「いいわよ」という流れをつかもう。

質問は What does the man want ... なので，男性がしたがっていることを選ぶ。**1** の Go to the Palace Theater. は女性がしたがっていることなので注意。

解答：**2**

Practice ● CD 46~53

対話を聞き，その質問に対して最も適切なものを 1, 2, 3, 4 の中から一つ選びなさい。

No. 1
1. Clean his room.
2. Change his room.
3. Give him a call.
4. Repair his room.

No. 2
1. He's taking off his shirt.
2. He's standing outside.
3. He's getting dressed.
4. He's waiting for Lisa.

No. 3
1. How old one must be to get a driver's license.
2. How often one must go to a driving school.
3. How one can pass a driver's license test.
4. How many cars one can park at home.

No. 4
1. She wants to be a teacher.
2. She wants to be a singer.
3. She hasn't decided yet.
4. She doesn't want to be anything.

No. 5　1　Play the guitar.
　　　　　2　Study with Mary.
　　　　　3　Have a party for his sister.
　　　　　4　Leave for Italy.

No. 6　1　He's going to leave Kyoto.
　　　　　2　He's going to study psychology.
　　　　　3　He's going to study in Boston.
　　　　　4　He's going to leave Boston.

No. 7　1　He feels sorry about his plan.
　　　　　2　He doesn't like camping.
　　　　　3　He looked forward to camping.
　　　　　4　He is too sick to go camping.

No. 8　1　Whether the library is open on Tuesday morning.
　　　　　2　What time the library opens tomorrow.
　　　　　3　How many books she can check out.
　　　　　4　How she can get to the library.

Answers ● CD 46~53

No. 1
★：I have a reservation for tonight. My name is William Wilder.
☆：Yes, Mr. Wilder. Your room number is 941.
★：Do you have a room closer to the ground floor?
☆：Let's see ... Yes, you can have 241.
★：Great. Thank you.
Question：What does Mr. Wilder ask the hotel to do?

> ★：今夜予約をしてあります。名前はウィリアム・ワイルダーと申します。
> ☆：承っております，ワイルダー様。お部屋は941号室です。
> ★：1階にもっと近い部屋はありますか。
> ☆：そうですね…。はい，241号室がございます。
> ★：いいね。ありがとう。
> 質問：ワイルダー氏はホテルに何を頼んでいますか。
> 1 部屋を掃除すること。　　　2 部屋を変更すること。
> 3 自分に電話をくれること。　4 部屋を修理すること。

冒頭の reservation と room number からホテルのフロントでの会話と判断する。ワイルダー氏の2回目の発言から，彼が部屋の変更を依頼していることがわかる。放送文中の数字が部屋番号であることに気づけば，解答はここからも推測できる。　**解答 2**

No. 2
☆：Hi, Mike. Are you coming?
★：Yes, I'm almost ready. I'm just putting on my shirt.
☆：OK. Lisa's here, too. We'll wait for you outside.
★：Thanks. I'll be there in a minute.
Question：What is Mike doing now?

> ☆：こんにちは，マイク。出かけられる？
> ★：うん。もうすぐ支度ができるよ。今，シャツを着ているところさ。
> ☆：わかったわ。リサもここにいるの。外で待っているわ。
> ★：ありがとう。すぐに行くから。
> 質問：マイクは今，何をしているところですか。
> 1 彼はシャツを脱いでいる。　　2 彼は外で立っている。
> 3 彼は服を着ている。　　　　　4 彼はリサを待っている。

友人と出かけようとしている場面である。マイクの最初の発言 I'm just putting on my shirt. がポイント。2の outside，4の waiting for はいずれも彼の友人たちの状態なので気をつけよう。　**解答 3**

170

No. 3

★：Hi, Jane. I'm going to take my driver's license test next week.
☆：Oh, hi, Makoto. How old do you have to be to get a license in Japan?
★：To drive a car, you have to be at least eighteen.
☆：Really? Back in the States, I got mine on my 16th birthday.
Question：What difference are Jane and Makoto talking about?

> ★：こんにちは，ジェーン。来週，運転免許試験を受けに行くんだ。
> ☆：あら，こんにちは，マコト。日本では免許を取るには何歳にならなければいけないの？
> ★：車の運転には，少なくとも18歳にならないとダメなんだ。
> ☆：本当？ アメリカでは，私は16歳の誕生日に運転免許を取ったわ。
> 質問：ジェーンとマコトは何の違いについて話していますか。
> **1 運転免許を取るためには何歳にならなければならないか。**
> 2 どのくらいの頻度で教習所に行かなければならないか。
> 3 どうすれば運転免許試験に合格できるか。
> 4 家に車を何台駐車できるか。

18歳と16歳という年齢が出てくることから，運転免許の取得が可能な年齢の，日本とアメリカにおける違いについて話していることがわかる。　　**解答 1**

No. 4

★：What did you want to be when you were small, Janet?
☆：I liked to sing very much, so I wanted to be a singer.
★：Oh, really? And what about now?
☆：Well, I'm wondering whether I should be a teacher or a politician.
Question：What does Janet want to be now?

> ★：ジャネット，小さいころは何になりたかった？
> ☆：歌うのがとても好きだったから，歌手になりたかったわ。
> ★：へえ，本当？ 今はどうなの？
> ☆：そうね，教師か政治家か迷っているわ。
> 質問：今，ジャネットは何になりたいと思っていますか。
> 1 彼女は教師になりたい。　　　　2 彼女は歌手になりたい。
> **3 彼女はまだ決めていない。**　　4 彼女は何にもなりたくない。

質問最後のnowから，昔ではなく今ジャネットがなりたいものが尋ねられていることに注意。最終文のI'm wondering whether I should be a teacher or a politician.から「迷っていて，まだ決めていない」ことがわかる。　　**解答 3**

Answers

No. 5

☆：Do you have some free time next Sunday, Jack?
★：Yes. Why do you ask?
☆：My sister Mary is leaving for Italy to study art. So we're going to have a farewell party for her.
★：Good idea! I can play the guitar for her at the party.
Question：What is Jack going to do next Sunday?

> ☆：ジャック，今度の日曜日に時間ある？
> ★：うん。なぜ聞くの？
> ☆：姉[妹]のメアリーが美術を勉強するためにイタリアに出発するのよ。それで，お別れ会を開こうと思っているの。
> ★：それはいいね！　僕はパーティーで彼女のためにギターを弾くよ。
> 質問：次の日曜日，ジャックは何をするつもりですか。
> 1　ギターを弾く。　　　　　　　　2　メアリーと勉強する。
> 3　姉[妹]のためにパーティーを開く。　4　イタリアに出発する。

選択肢には女性とその姉[妹]のメアリー，ジャックの行動があげられているが，質問はジャックに関するものであることに注意する。ジャックの２回目の発言 play the guitar から，正解は 1。　　　　　　　　　　　　　　　　　　　　　　　解答 **1**

No. 6

★：I got an e-mail from Mr. Yoshida last night.
☆：Oh, did you? What did he say?
★：He said he's going to study psychology at a college in Boston for two years, so he is leaving Kyoto next week.
☆：I hope everything will go well with him.
Question：What is Mr. Yoshida going to study?

> ★：昨夜，吉田さんからＥメールをもらったよ。
> ☆：あら，そうなの？　彼は何て言っていた？
> ★：彼は２年間ボストンの大学で心理学を勉強する予定で，来週，京都を出発すると言っていたよ。
> ☆：万事うまくいくといいわね。
> 質問：吉田さんは何を勉強するつもりですか。
> 1　彼は京都を発つつもりだ。　　　　2　彼は心理学を勉強するつもりだ。
> 3　彼はボストンで勉強するつもりだ。　4　彼はボストンを発つつもりだ。

質問の疑問詞 What と study の聞き取りがカギ。　　　　　　　　　解答 **2**

No. 7

★ : I'm sorry, Betty, but can we cancel our camping trip?
☆ : What? Haven't you been looking forward to it?
★ : Well, I drank too much yesterday, and I'm feeling very sick.
☆ : Oh, that's too bad. I hope you'll be all right.
Question : Why does the man want to cancel their trip?

> ★ : ごめんね，ベティ，キャンプ旅行をキャンセルできるかな？
> ☆ : ええ？ 楽しみにしていたんじゃないの？
> ★ : いやあ，昨日飲み過ぎて，すごく気持ち悪いんだ。
> ☆ : まあ，それは大変ね。よくなるといいわね。
> 質問：男性はなぜ旅行をキャンセルしたいのですか。
> 1 彼は計画を残念に感じているから。
> 2 彼はキャンプが好きではないから。
> 3 彼はキャンプを楽しみにしていたから。
> **4 彼は具合が悪すぎてキャンプに行けないから。**

男性の2回目の発言に I'm feeling very sick とあるので，体調が悪くて旅行に行けないことがわかる。その前の I drank too much もヒント。　　　　　　　　　　**解答** 4

No. 8

★ : Hello? Thompson Library. How can I help you?
☆ : I'd like to know what time you open tomorrow.
★ : I'm sorry, we are closed on Mondays. But we open at 9 the rest of the week.
☆ : Then I'll come on Tuesday morning. Thanks.
Question : What does the woman want to know?

> ★ : もしもし。トンプソン図書館です。ご用を承ります。
> ☆ : 明日は何時に開館か知りたいのですが。
> ★ : 申し訳ありません。月曜日は閉館しております。ですが，ほかの曜日につきましては9時に開館します。
> ☆ : それでは火曜日の午前中に伺います。ありがとうございます。
> 質問：女性は何を知りたがっているのですか。
> 1 図書館は火曜日の朝開いているのかどうか。
> **2 明日，図書館は何時に開くのか。**
> 3 本を何冊借りることができるか。
> 4 どうしたら図書館に行くことができるか。

電話の会話では，用件に注意して聞こう。女性の最初の発言 what time you open tomorrow を聞き取るのがポイント。　　　　　　　　　　**解答** 2

リスニング第3部

文の内容一致選択②

今日の目標

英文を聞くコツをつかもう！

第3部の英文は一度しか読まれないが，解答のカギは1つとは限らない。今日は，正解の根拠となるか所を聞き逃しても，その周辺の情報をヒントに正解を推測することができる問題を見てみよう。

POINT 1 トピックセンテンス後の具体例に注目!

英文は，トピックセンテンスの後にその言い換えや具体例が続くことが多い。トピックセンテンスをずばり聞かれる問題では，そうした具体例などの聞き取りからも正解を狙うことができる。

CD 54

例題 1

放送される英文：

In the country of Pakistan, many truck drivers decorate their trucks. The drivers are very proud of their trucks and try to make them look original. They often cover them with mirrors and brightly colored lights. Designs on the trucks often include pictures of beautiful scenery or famous places.

Question: What do many truck drivers in Pakistan do?

選択肢：

1 Decorate their trucks.
2 Sell lights and mirrors.
3 Take pictures of other trucks.
4 Drive tourists to famous places.

(08-1)

訳 パキスタンという国では，多くのトラック運転手が自分のトラックを飾り立てる。運転手は自分のトラックに誇りを持ち，それを斬新なものに見せようと努力する。彼らはしばしば鏡や明るい色彩のライトをトラック全体に施す。トラックに描いてある図柄には，美しい風景や有名な場

所の絵が含まれることがよくある。
質問：パキスタンの多くのトラック運転手は何をしますか。
1 自分のトラックを飾る。
2 ライトや鏡を売る。
3 ほかのトラックの写真を撮る。
4 旅行者を有名な場所に車で連れて行く。

解説 第1文の decorate their trucks が解答のカギ。また，この後にその具体例が描写されており，make them look original, cover them with mirrors and brightly colored lights, Designs on the trucks などが聞き取れれば正解を推測することができる。

解答：1

POINT 2 聞き取れた情報を総合して正解を狙う!

英文は情報を整理しながら聞き取っていくのが理想だが，具体例などの断片しか聞き取れなかった場合でも，それらを総合して正解を狙うことができる問題もある。

CD 55

例題 2

放送される英文：

Many people are worried about the damage that cars cause to the environment. In Britain, the government will soon start giving people free advice on how to use their cars less often. Advisers will visit homes and companies to talk to people about bus routes and also about the advantages of cycling and using buses.

Question: What will the British government advise people to do?

選択肢：

1 Build cheaper homes.　　　2 Sell their bicycles.
3 Use their cars less.　　　　4 Keep their homes clean.

(08-2)

訳 多くの人々は車が環境に与える被害を心配している。イギリスでは，どうやって車を利用する回数を減らすかについて，政府が人々に無料で助言することをまもなく始める。アドバイザーは家庭や会社に行き，人々にバスの路線についてや，自転車やバス利用の利点について話をする。
質問：イギリス政府は人々に何をするように勧めるつもりですか。

1 より安い家を建てる。　　　　**2** 自転車を売る。
3 車の利用を控える。　　　　　**4** 家をきれいにしておく。

解説　第2文 In Britain, ... cars less often. から，正解は **3** の「車の利用を控える」。use their cars less often が解答の根拠となる。しかし，この部分を聞き逃しても，ほかのか所から推測できる。第1文の Many people are worried … to the environment. が聞き取れていれば，原因となっている車の利用を減らすことについての話題だとわかり，正解は推測できる。また，第3文の bus routes や the advantages of cycling and using buses が聞き取れれば，イギリス政府が勧めていることが何であるのかを推測することもできる。

解答：**3**

Practice CD 56~65　　　　　　　　　　　練習問題　Term 2

英文を聞き，その質問に対して最も適切なものを 1, 2, 3, 4 の中から一つ選びなさい。

No. 1
1　To keep the temperature of the room very high.
2　Not to wash cars at home.
3　To use a large amount of water.
4　Not to go out during the day.

No. 2
1　Attend a high school.
2　Walk around some tourist spots.
3　Attend judo classes in Tokyo.
4　Do some business.

No. 3
1　Report to the front desk.
2　Get a health checkup.
3　Wear a nametag.
4　Assist other participants.

No. 4
1　She offered it to a bazaar.
2　She added it to her collection.
3　She sold it at a flea market.
4　She gave it to her grandmother.

No. 5
1　Making a floor for visitors.
2　Not making a 13th floor.
3　Building stairs to the 13th floor.
4　Not building a 12th or 14th floor.

No. 6
1　To sing songs.
2　To play the guitar.
3　To play the piano.
4　To play golf.

Practice　練習問題

No. 7
1 The group will not survive.
2 The group will eat too much.
3 The group will look for other dogs.
4 The group will live for a very long time.

No. 8
1 Beth.
2 Beth's father.
3 Beth's mother.
4 Beth's tennis coach.

No. 9
1 Purchase ride tickets.
2 Eat various kinds of food.
3 Go for a swim.
4 Buy a season pass.

No. 10
1 Her teacher recommended it when she entered high school.
2 Her mother gave Rosemary her collection of stamps.
3 Her grandfather gave his stamp collection to Rosemary.
4 Her grandmother gave her stamp collection to Rosemary.

Answers ● CD 56~65　　　解答と解説　Term 2

No. 1

Last summer was terrible in Japan because of the hot weather and little rain. The water shortage worried many people. Around the country, all swimming pools were closed and people were required to stop washing cars at home.

Question： What were people required to do last year?

> 昨年の夏は暑く，雨が少なかったために日本は大変だった。水不足で多くの人が悩まされた。国中でプールはすべて閉鎖され，人々は家で洗車するのをやめるように求められた。
> 質問：昨年，人々は何を要求されましたか。
> 1　室温をとても高いままにしておくこと。
> **2　家で洗車をしないこと。**
> 3　大量の水を使うこと。
> 4　日中外出しないこと。

第3文の people were required to stop washing cars at home「人々は家で洗車するのをやめるように求められた」を聞き取るのがポイント。「暑さと少ない雨→水不足(the water shortage)」という流れからも解答は推測できる。　　　　　　　　解答　**2**

No. 2

Carol has been practicing judo since she entered high school. Now she's taking judo lessons twice a week. There are only three girls in the class, but they all like judo. Carol is planning to visit Japan next month. She is looking forward to attending judo classes in Tokyo.

Question： What does Carol hope to do in Tokyo?

> キャロルは高校に入学したときからずっと柔道を練習している。今は，週に2回柔道のレッスンを受けている。教室には3人しか女の子はいないが，彼女たちはみんな柔道が好きだ。キャロルは来月日本を訪れる予定である。彼女は，東京の柔道教室に通うのを今から楽しみにしている。
> 質問：キャロルは東京で何をしたいと思っていますか。
> 1　高校に通う。　　　　　　2　いくつかの観光地を回る。
> **3　東京の柔道教室に通う。**　4　仕事をする。

最後の文 She is looking forward to attending judo classes in Tokyo. がカギ。また，前半でキャロルが柔道が好きであることがつかめていれば，解答を推測することができる。　　　　　　　　解答　**3**

Answers

No. 3

The Minneapolis Medical Conference welcomes all of you today. We certainly hope you enjoy this year's conference! Please remember to wear your nametags. If you don't have one yet, pick it up from the front desk. They help our staff identify and serve you better. Also, they're helpful for other participants who want to meet you. Thank you for your cooperation.

Question: What are conference participants asked to do?

> ミネアポリス医学学会は本日お越しの皆さま全員を歓迎いたします。今年の学会をお楽しみいただけること，心より願っております！　名札は忘れずにお付けください。名札をまだお持ちでない方は受付にてお受け取りください。名札は，私どもの職員が皆さまを確認する助けとなり，より良いサービスを提供することができます。また，皆さまにお会いしたいと思っているほかの参加者の方々にも便利です。ご協力ありがとうございます。
> 質問：学会の参加者は何をするように求められていますか。
> 1　受付に報告する。　　　　　2　健康診断を受ける。
> 3　名札を身に付ける。　　　　4　ほかの参加者を助ける。

学会でのアナウンスである。用件は第 3 文の wear your nametags だが，その後に名札の効果が述べられていることに気づけば，正解が推測できる。　　　**解答　3**

No. 4

Cathy likes to make things out of old clothes. The other day, she made a koala and wanted to give it to her grandmother who was in the hospital. Last Sunday, Cathy visited her and gave her the koala. Her grandmother liked it very much. Cathy was very glad.

Question: What did Cathy do with the handmade koala?

> キャシーは古着からものを作るのが好きだ。先日，彼女はコアラを作り，それを病院にいる祖母にあげたいと思った。この前の日曜日にキャシーは祖母を訪ねてコアラをあげた。祖母はそれをとても気に入ってくれた。キャシーはとてもうれしかった。
> 質問：キャシーは手作りのコアラをどうしましたか。
> 1　彼女はそれをバザーに提供した。
> 2　彼女はそれを自分のコレクションに加えた。
> 3　彼女はそれをフリーマーケットで売った。
> 4　彼女はそれを祖母にあげた。

第 3 文 Last Sunday, Cathy visited her and gave her the koala. がカギだが，第 2 文にある wanted to give it to her grandmother もヒントになる。　　　**解答　4**

No. 5

In the United States, the number 13 is bad luck. Now, some construction companies are hoping to bring good luck. They are making buildings with no 13th floor. Their buildings will have a 12th and 14th floor, but there will be no floors between those two. Unfortunately, this can be confusing for visitors because they do not know about this change.

Question：What are some construction companies currently doing?

> アメリカでは13という数は縁起が悪い。さて，いくつかの建設会社は，幸運をもたらしたいと願い，13階がないビルを造っている。彼らのビルには12階と14階はあるが，その2つの間には階がないのである。残念なことに，これは訪問者を混乱させるかもしれない。なぜなら，彼らはこの変更について知らないからである。
> 質問：今，いくつかの建設会社は何をしていますか。
> 1 訪問者用の階を造ること。
> 2 13階を造らないこと。
> 3 13階への階段を造ること。
> 4 12階や14階を造らないこと。

第3文 They are making buildings with no 13th floor. がカギ。ほかに，「13は縁起が悪い」，「12階と14階の間には階がない」もヒントになる。　　　　　　　　　　解答 2

No. 6

Michael liked singing, and he was a good singer. But he could not play any musical instruments. So he decided to learn how to play an instrument. His friend Sam was a good guitar player. Michael asked Sam to give him lessons. After school, Sam taught him how to play the guitar. Now Michael is happy because he can play the guitar.

Question：What did Sam teach Michael after school?

> マイケルは歌を歌うのが好きだし，歌がうまかった。しかし，彼は楽器を何も演奏することができなかった。そこで彼は，楽器の演奏の仕方を習うことに決めた。友人のサムはギターを弾くのがうまかった。マイケルはサムに教えてくれるように頼んだ。放課後，サムは彼にギターの弾き方を教えた。今ではマイケルはギターが弾けるようになったので，喜んでいる。
> 質問：放課後，サムはマイケルに何を教えましたか。
> 1 歌うこと。　　　　　　　　2 ギターを弾くこと。
> 3 ピアノを弾くこと。　　　　4 ゴルフをすること。

第6文の Sam taught him how to play the guitar がカギだが，「サムはギターがうまい」，「今ではマイケルはギターが弾ける」からも推測できる。　　　　　　　解答 2

Answers

No. 7

African Wild Dogs live in groups of various numbers. Scientists now believe that a group of about 10 dogs is the best. A group that size is great for hunting food. And because it is small, each member will have enough food to eat. If a group is smaller than 5 dogs, it will not live very long.

Question：What will happen if a group has less than 5 members?

> アフリカン・ワイルド・ドッグはさまざまな数の群れで生活している。現在，科学者は10頭ほどの群れが最適であると考えている。その大きさの群れは食料の狩りに好都合なのである。また，群れが小さいので，それぞれが十分な食べ物を得られる。群れが5頭より少ないと，あまり長く生きないであろう。
> 質問：群れが5頭よりも小さくなるとどうなるでしょうか。
> 1 群れは生き延びられないだろう。　　2 群れは食べ過ぎるだろう。
> 3 群れはほかの犬を探すだろう。　　　4 群れはとても長生きするだろう。

動物についての科学的なトピック。最後の部分 it will not live very long がカギだが，「10頭ほどの群れが最適」という内容がつかめていれば，解答を推測できる。　　　**解答** 1

No. 8

Emi is a Japanese high school student. She once stayed with an American family in California. Her host parents, Mr. and Mrs. Swan, were very nice people and she enjoyed her stay very much. They had an only daughter named Beth. Beth was a college student and belonged to the tennis club. Almost every day, Beth took Emi to the tennis court nearby. Beth was good at tennis and taught Emi how to play.

Question：Who taught Emi to play tennis?

> エミは日本の高校生だ。彼女は以前カリフォルニア州のアメリカ人一家の家に滞在したことがある。彼女のホストペアレントであったスワン夫妻はとてもすてきな人たちで，彼女は滞在をとても楽しんだ。夫妻にはベスという名の一人娘がいた。ベスは大学生でテニス部に所属していた。ほとんど毎日，ベスはエミを近くのテニスコートに連れて行ってくれた。ベスはテニスが上手で，エミにテニスを教えてくれた。
> 質問：誰がエミにテニスを教えましたか。
> 1 ベス。　　　　　　2 ベスの父親。
> 3 ベスの母親。　　　4 ベスのテニスコーチ。

最後の Beth was good at tennis and taught Emi how to play. がカギだが，Beth がテニス部員で，Emi を毎週テニスコートへ連れて行ったという内容からも推測できる。

解答 1

No. 9

Hello to all Happy World visitors. If you're hungry, then come to Plaza A! We serve great American, Chinese, and Indian food. If you're hot, come over to Plaza C for a swim in the Happy World Pool! And before you leave, buy a season pass at the gate. With that, you can use the park anytime of the year. Have a great time at Happy World!

Question : What can guests do at Plaza A?

> ハッピーワールドへお越しのすべての皆さまにごあいさつ申し上げます。もしおなかがすいているなら，プラザ A にお越しください！　すばらしいアメリカ，中国，インド料理をご提供いたします。もし暑いようでしたら，プラザ C のハッピーワールドプールに泳ぎに来てください！　そして，お帰りの前に，ゲートでシーズンパスをお求めください。このパスで 1 年中いつでも施設をご利用いただけます。ハッピーワールドで楽しいときをお過ごしください！
> 質問：客はプラザ A で何をすることができますか。
> 1　乗り物のチケットを買う。　　2　さまざまな種類の食べ物を食べる。
> 3　泳ぎに行く。　　　　　　　　4　シーズンパスを買う。

Plaza A，Plaza C，ゲートのそれぞれで何ができるかを整理しながら聞いていく。質問は Plaza A について。第 2 文の内容から，そこは食事をする場所だとわかる。

解答 2

No. 10

Rosemary has been collecting stamps for ten years. Actually, her grandmother used to collect stamps, and she gave her collection to Rosemary. She was only seven and wasn't very interested in stamps. But, when she entered high school, she became interested in collecting foreign stamps.

Question : How did Rosemary start collecting stamps?

> ローズマリーは 10 年間切手を収集している。実は，彼女の祖母が以前切手を集めていて，彼女のコレクションをローズマリーにくれたのだった。彼女は当時まだ 7 歳で，切手にはあまり興味がなかった。しかし，高校に入ると，彼女は外国の切手の収集に興味を持った。
> 質問：ローズマリーはどのようにして切手を集め始めましたか。
> 1　彼女が高校に入学したときに，彼女の先生がそれをすすめた。
> 2　彼女の母親がローズマリーに自分の切手のコレクションをくれた。
> 3　彼女の祖父が自分の切手のコレクションをローズマリーにくれた。
> 4　彼女の祖母が自分の切手のコレクションをローズマリーにくれた。

ローズマリーの切手収集の話。切手収集を始めたきっかけは第 2 文に説明されている。grandmother という語を正確に聞き取るのもポイント。

解答 4

実力完成模擬テスト

解答用紙は p.232

1 次の (1) から (20) までの (　　) に入れるのに最も適切なものを 1, 2, 3, 4 の中から一つ選び，その番号を解答用紙の所定欄にマークしなさい。

(1) **A**: Excuse me. Do students get a discount at this movie theater?
B: Yes, but I'll have to (　　) your student ID card first.
1 check　　2 guide　　3 order　　4 decide

(2) Carla quickly learned the (　　) parts of the biology textbook, but she had trouble later with its more complex sections.
1 close　　2 patient　　3 lucky　　4 elementary

(3) **A**: Wow! You speak English really well.
B: Thanks. Actually, I have an (　　) because I lived in Canada for 5 years when I was a child.
1 office　　2 afternoon　　3 experience　　4 advantage

(4) Chizuko's friends became excited when she told them that she had been (　　) into a famous American university.
1 accepted　　2 imagined　　3 succeeded　　4 expected

(5) **A**: That repairman fixed our photocopier pretty fast.
B: Yeah, I know, and he did a real (　　) job.
1 true　　2 similar　　3 friendly　　4 professional

(6) Bryan missed the first soccer practice, but he was able to (　　) the other ones.
1 leave　　2 bring　　3 attend　　4 improve

(7) A: Would you like to watch a new comedy show on TV tonight?
B: No, thanks. I have no ( ) in that kind of show. I'm going to relax and read a book.
1 skill 2 quality 3 interest 4 reason

(8) Sheri and Marla planned on spending a week in Hawaii, so they both made a big ( ) to save up enough money for the trip.
1 hope 2 effort 3 matter 4 chance

(9) A: Yosuke, can you ( ) me what this Chinese character means?
B: It means "water." I'll help you draw it.
1 suggest 2 recommend 3 tell 4 hold

(10) The school released a ( ) to the public about its new admissions policy. The information was also put on its website.
1 center 2 score 3 statement 4 knowledge

(11) Kyle usually walks around the park once a week so he can ( ) his usual busy life.
1 be tired of 2 escape from 3 break down 4 fall on

(12) Jane's father told her not to study history at college many times, but he finally ( ) and let her decide.
1 gave up 2 showed up 3 passed by 4 took off

(13) Last night's snowstorm caused many problems this morning. ( ) two roads had to be closed due to the poor weather conditions.
1 At least 2 With care 3 On time 4 In advance

(14) It's always important to ( ) a sweater before you buy it. You want to be sure that it looks nice and fits you well.
1 bring up 2 ask for 3 find out 4 try on

(15) Fred received an A in the class (　　) of the excellent final paper he turned in to the teacher.
　1 in spite　　**2** as a result　　**3** little by little　　**4** on his own

(16) Susan began learning Japanese (　　), so she tried to remember the basics of the language in every class.
　1 before long　　　　　　**2** here and there
　3 for the first time　　　**4** all the way

(17) Even though Jackie took an extra class last semester, she was able to (　　) with her busy schedule well.
　1 deal　　**2** follow　　**3** attend　　**4** hold

(18) The company didn't have (　　) staff to complete the project, so it decided to get two more full-time staff members.
　1 danger　　**2** enough　　**3** short　　**4** apart

(19) Sam knew he was becoming fat, so he decided (　　) the amount of snacks that he ate every day.
　1 reduce　　**2** to reduce　　**3** reducing　　**4** reduces

(20) Today was so warm that it felt (　　) if it was spring instead of fall.
　1 although　　**2** but　　**3** that　　**4** as

実力完成模擬テスト Term 2

2 次の六つの会話文を完成させるために，**(21)** から **(28)** に入るものとして最も適切なものを 1, 2, 3, 4 の中から一つ選び，その番号を解答用紙の所定欄にマークしなさい。

(21) *A*: Fran, don't you usually take Subway Line 7?
   B: Yes, it's the fastest way to get to work.
   A: (**21**)
   B: Sometimes by bus, just for a change.
   1　Is it crowded in the morning?
   2　How long does it take?
   3　Where do you usually get off?
   4　Do you ever come any other way?

---

(22) *A*: Mom, what's the best way to research a paper? Use the Internet?
   B: It's a start, but you have to do more to make a good paper.
   A: Like what?
   B: (**22**)
   1　Read a few important books as well.
   2　Show me your score when you get it.
   3　Buy new software when you can.
   4　Tell me when the class is over.

---

(23) *A*: Professor Jackson, I'm falling behind in your class.
   B: (**23**)
   A: Well, I do when I have time.
   B: That's your problem. Make sure you do that more consistently, and you'll understand the course better.
   1　When did you take the class?
   2　Thanks for coming by. Did you speak to your teacher?
   3　Are you reading the textbook?
   4　Which one did you want to take?

187

(24) *A:* (24)
B: Yes, if you have a receipt.
A: That's good to know. I'll keep it, then.
B: Yes, please do, and bring it with you if there are any problems.

1 Is this on sale?
2 Can I pay for it here?
3 Do you offer refunds?
4 How will you help me find my size?

A: Are you going to the rock concert this weekend?
B: I sure am. Most students from our class are going, too. Aren't you?
A: No, because (25)
B: It's only in Mountain City. We'll be back before it gets dark.
A: I know, but they still don't agree.
B: Mountain City's a really safe area. I'm sure nothing will happen. (26)
A: I asked them many times, but they won't change their minds.
B: Well, try one more time. It'll be a lot of fun.

(25) 1 my parents said it's too far.
2 they're the kids I was talking about.
3 I already picked out my seats.
4 I wonder how long the bands will play.

(26) 1 Why don't you ask them again?
2 When do you think we could leave?
3 How long do you think it would take?
4 Have you got an extra pair of tickets?

A: I'd like to buy this television, but it's a bit expensive.

B: If you become a store member this month, ma'am, you can get a 20% discount.

A: (**27**)

B: They're available on Floor 3, near customer service. Please go there. It's free to sign up.

A: OK. Thanks. I'd like to use it right away.

B: No problem, ma'am. As soon as you complete the form, they'll give you a card. (**28**)

A: Including this TV?

B: Of course, ma'am.

(27) 1 What is your refund policy?
2 Where can I find similar items?
3 What's the cost without a card?
4 How can I apply for one?

(28) 1 You will have to wait until you get a card.
2 You can use it for anything you buy today.
3 You must speak to customer service first.
4 You have to pay in cash.

3

次の英文がそれぞれ完成した文章になるように，その文意にそって **(29)** から **(33)** までの **1** から **5** を並べ替えなさい。そして2番目と4番目にくる最も適切なものを一つずつ選び，その番号を解答用紙の所定欄にマークしなさい。ただし，（　　）の中では文頭にくる語も小文字で示してあります。

(29) Emily didn't study every day, but (　　) studying hard the night before each test.

1　it　　　　2　up　　　　3　by
4　for　　　5　made

(30) (　　) for Andy to drive home from work because of a car accident downtown.

1　expected　　2　longer　　3　took
4　it　　　　　5　than

(31) *A*: Excuse me, (　　)?
B: I don't think so. Please have a seat.

1　someone　　2　is　　　3　in
4　this chair　5　sitting

(32) *A*: Would you like a cup of coffee?
B: Yes, please. I (　　).

1　have　　　2　morning　　3　always
4　one　　　5　every

(33) *A*: How do you do so well in this class? The tests are so difficult for me.
B: I always take good notes. (　　) I study.

1　when　　　2　a lot　　　3　this
4　me　　　　5　helps

[A]

Marathon Girl

　Karen usually runs about four kilometers a day in a park near her home. One evening, she read on a website about a race that was being held in her city. It was a ten-kilometer run, more than twice the distance she usually ran. However, she wanted to (34) her ability as a runner. Since the race was only two weeks away, she had little time to prepare for the run.

　She decided to sign up and trained each day by running a little farther than usual. She could feel her lungs and legs getting stronger. After two weeks of training, she felt (35) that she could run ten kilometers. On the day of the race, she ran faster than she thought she could. To her surprise, she finished in 25th place. That was very far from winning, but she was still ahead of 437 other people! Even without a medal, Karen was very happy with her result.

(34)　1 invent　　2 attract　　3 respect　　4 test
(35)　1 confident　2 valuable　3 helpful　　4 visible

[B]

Joe Louis

There have been many great boxers, but most experts agree that Joe Louis may have been the best. When he began boxing in the 1930s, blacks were mostly considered lazy, violent, and rude. Louis (**36**) these images by always acting like a gentleman. People even gave him the nickname "Gentleman Joe."

Louis became famous in 1939, when he fought German boxer Max Schmeling in a rematch. President Roosevelt told Louis that the country needed his muscles to beat Germany. There was therefore a great deal of international interest in the match, and millions listened to it over the radio. Louis was probably the first African American to receive such huge (**37**) from white Americans when he stepped into the boxing ring to face his opponent. The fight did not last long as Louis knocked out Schmeling in only a few minutes.

Louis's life was not all easy, though. He often spent too much money, and later he found out he had to pay a lot of taxes to the government. Boxing was the only way he could make money to pay the government taxes, so he couldn't quit it. However, Louis is still generally thought to be not only a great athlete, but a gentle and giving man. The city of Detroit made a statue of him downtown to remember him. His hard work has helped later generations of African-American athletes, from Muhammad Ali to Tiger Woods, become (**38**).

(36)　**1** suited　　**2** repeated　　**3** gained　　**4** changed
(37)　**1** traditions　**2** support　　**3** results　　**4** exchanges
(38)　**1** responsible　**2** constant　　**3** direct　　**4** particular

5 次の英文 [A], [B] の内容に関して，(39) から (45) までの質問に対して最も適切なもの，または文を完成させるのに最も適切なものを 1, 2, 3, 4 の中から一つ選び，その番号を解答用紙の所定欄にマークしなさい。

[A]

From: Gina Brown <gina979@fartel.com>
To: Sachiko Tanaka <sachiko298@japanonline.com>
Date: April 5, 2009
Subject: My trip

Dear Sachiko,

Hi, how are you? Last month, I saw something fantastic. I had the chance to visit the temple of Angkor Wat in Cambodia. I went with a group of students from my university. When we got there, our tour guide explained that the temple is one of the best known in the world, and many tourists visit each year. You can see pictures on the Internet or in books, but it's much more wonderful if you go see it yourself.

Seeing Angkor Wat gave me an idea. Would you like to visit a famous place or building next year? We could try the Eiffel Tower, the Pyramids, or the Great Wall of China. Or if you have some other places you'd like to see, we could go there instead. I think visiting one of those great places would really be a once-in-a-lifetime experience for students like us.

I know you may be worried about the cost, but there are many budget airlines that we could use to fly cheaply. We could also stay at youth hostels to save money. Anyway, please e-mail me back to let me know your opinion about this.

All the best,
Gina

193

(39) Last month, Gina
1 took classes on becoming a tour guide.
2 invited some tourists to study at her university.
3 went to a famous historical site.
4 read a book about Angkor Wat.

(40) What does Gina ask Sachiko to do?
1 Learn more about the famous places.
2 Go visit a well-known place with her.
3 Revise next year's school plan.
4 Write about her travel experiences.

(41) What advice does Gina give Sachiko?
1 There are ways to travel cheaply.
2 Airlines may require early reservations.
3 Student discounts may be limited.
4 Some hostels may be closed.

[B]

Flying Cars

Most people have seen a flying car in a Hollywood movie. This kind of car has special wings and a strong engine to help take off and fly like a plane. A busy and crowded highway will not be a problem for a flying car. People have been trying to make flying cars for many years. These flying cars are not just a dream anymore.

The first time that someone tried to make a flying car was in 1928, but it did not fly. Later in 1956, an engineer built the Aerocar, but it was too big to be used every day. Finally in 2003, a professor named Dr. Paul Moller became successful in building a flying car. His company is called Moller International, and his first flying car is the M400, which flies by going straight up. Four people can sit in the bright red M400, and it looks like it should be in a science fiction movie. In 2007, his company made another smaller flying car named the M200X. It is round and blue, and two people can sit in it.

Will these flying cars ever become popular? The answer is probably not soon. One reason is the high cost of a flying car. At a price of $500,000, most people do not have the money to buy such a car. Unless many people buy flying cars, the price will not go down.

Even if a lot of people start buying flying cars, most will find it hard to drive them. A solution is to add a joystick, the same kind of control used in video games. Since most people know how to play video games, they should find it easy to fly using this joystick. Flying cars will not be seen in the sky of any major city soon. But in the future, don't be surprised if you see a sky filled with flying cars.

(42) A flying car will
1 not have any difficulty with busy roads.
2 only be something found in Hollywood movies.
3 be something that people dream about at night.
4 look the same as a plane with wings and an engine.

(43) What happened in 2003?
1 A flying car project was unsuccessful.
2 An engineer built a flying car called the M200X.
3 An educator made a flying car.
4 A company called Aerocar built a flying car for two people.

(44) Why are flying cars not popular yet?
1 They are too expensive for most people to buy.
2 They are only being sold to plane companies.
3 People enjoy driving their regular cars more.
4 People get sick if they fly too much.

(45) What can be done to help people drive flying cars?
1 A control that is easy to use can be put in the cars.
2 A new kind of car video game can be designed.
3 Many cities can teach people how to fly planes.
4 Companies can try to build cheaper flying cars.

準2級リスニングテストについて

1. このリスニングテストには，第1部から第3部まであります。
   ☆英文はすべて一度しか読まれません。
   第1部……対話を聞き，その最後の文に対する応答として最も適切なものを，放送される 1, 2, 3 の中から一つ選びなさい。
   第2部……対話を聞き，その質問に対して最も適切なものを 1, 2, 3, 4 の中から一つ選びなさい。
   第3部……英文を聞き，その質問に対して最も適切なものを 1, 2, 3, 4 の中から一つ選びなさい。
2. No. 30 のあと，10秒すると試験終了の合図がありますので，筆記用具を置いてください。

第1部

CD 66~76

No. 1 ~ No. 10
（選択肢はすべて放送されます）

第2部

🄲 CD 77~87

No. 11
1 To invite her to a movie.
2 To ask her when he can go visit.
3 To find out where his friends are.
4 To get help with his homework.

No. 12
1 There is only one color.
2 The skirt is too small.
3 The skirt is too expensive.
4 There is only one style.

No. 13
1 He got a better position.
2 His friend is now his boss.
3 He will travel for work.
4 His wife got a promotion.

No. 14
1 Work in another country.
2 Go on a holiday.
3 Enter a different company.
4 Start taking an English class.

No. 15
1 Buy a computer for the woman.
2 Ask the woman to come back.
3 Take 50 dollars off the price.
4 Send staff to help the woman.

No. 16
1 Choose a class.
2 Do an assignment.
3 Watch TV.
4 Go to her friend's place.

No. 17　1　To get product information.
　　　　2　To get their store address.
　　　　3　To promote a website.
　　　　4　To ask for a refund.

No. 18　1　Nancy will go to a wedding.
　　　　2　Their parents will enjoy a special day.
　　　　3　A sale on clothes will begin.
　　　　4　Charlie will become 25 years old.

No. 19　1　Buy a new car.
　　　　2　Go on a holiday with a friend.
　　　　3　Drive to Minneapolis.
　　　　4　Move to Chicago for a job.

No. 20　1　The park is far away.
　　　　2　He cannot find the park.
　　　　3　He doesn't have a car.
　　　　4　The library is closed.

第3部

CD 88~98

No. 21
1 Meet her friends at the bookstore.
2 Speak to store staff about history.
3 Learn about helping the environment.
4 Go to a café to read books.

No. 22
1 They traveled all around Australia.
2 They visited a place with beautiful scenery.
3 They climbed mountains in Europe.
4 They swam in large lakes.

No. 23
1 To explain new courses.
2 To find new university staff.
3 To explain registration for students.
4 To tell students how to get their ID cards.

No. 24
1 The coach told him not to.
2 The team had enough members.
3 The other players were taller.
4 The game was too hard.

No. 25
1 To heat their food.
2 To fix broken pipes.
3 To measure energy.
4 To keep them warm.

No. 26
1 Study math with her teacher.
2 Change her current job.
3 Work with numbers in her job.
4 Take the tests again.

No. 27 1 Riding on a new subway.
2 Getting work done on time.
3 Going to bed earlier at night.
4 Taking the train at different times.

No. 28 1 Children's toys are being made.
2 A new section is opening.
3 There is a sale in the children's section.
4 The fourth floor is closing down.

No. 29 1 He moved to a new neighborhood.
2 He wasted a lot of money.
3 He bought many canned foods.
4 He opened his own store.

No. 30 1 Their eyes are larger.
2 Their bodies are lighter.
3 Their eyes receive more light.
4 Their bodies are used to the dark.

Answers

解答一覧

筆 記

1

問 題	(1)	(2)	(3)	(4)	(5)	(6)	(7)	(8)	(9)	(10)	(11)	(12)	(13)
解 答	1	4	4	1	4	3	3	2	3	3	2	1	1

問 題	(14)	(15)	(16)	(17)	(18)	(19)	(20)
解 答	4	2	3	1	2	2	4

2

問 題	(21)	(22)	(23)	(24)	(25)	(26)	(27)	(28)
解 答	4	1	3	3	1	1	4	2

3

問 題	(29)	(30)	(31)	(32)	(33)
解 答	2-1	3-5	1-3	1-5	5-2

4A

問 題	(34)	(35)
解 答	4	1

4B

問 題	(36)	(37)	(38)
解 答	4	2	1

5A

問 題	(39)	(40)	(41)
解 答	3	2	1

5B

問 題	(42)	(43)	(44)	(45)
解 答	1	3	1	1

リスニング

第1部

問 題	No. 1	No. 2	No. 3	No. 4	No. 5	No. 6	No. 7	No. 8	No. 9	No. 10
解 答	3	1	1	2	1	3	2	2	2	2

第2部

問 題	No. 11	No. 12	No. 13	No. 14	No. 15	No. 16	No. 17	No. 18	No. 19	No. 20
解 答	1	2	1	1	4	2	1	2	4	2

第3部

問 題	No. 21	No. 22	No. 23	No. 24	No. 25	No. 26	No. 27	No. 28	No. 29	No. 30
解 答	4	2	3	3	4	3	4	3	4	3

解答と解説 Term 2

筆記 1 問題 p.184 〜 186

(1) **A**: すみません。この映画館では学生割引はありますか。
B: はい，ございます。しかし，まず学生証を確認させていただきます。

映画館で学生割引を問い合わせている場面である。空所直後にある your student ID card を目的語にとって自然な動詞はどれか考える。　**解答 1**

(2) カーラは生物の教科書の初歩的な部分についてはすぐに習得したが，後でもっと複雑な部分に関しては苦労した。

空所を含む the (　) parts が後半の its more complex sections と対比されていることを見抜く。close「近い」，patient「忍耐強い」，lucky「幸運な」。　**解答 4**

(3) **A**: まあ！　あなたは本当に英語をうまく話すのね。
B: ありがとうございます。実は，子どものころ5年間カナダで暮らしていたので，僕は有利なんです。

正解の advantage は「有利な点，強み，メリット」という意味。office「会社，職務」，afternoon「午後」，experience「経験」。　**解答 4**

(4) チズコが友達に自分が有名なアメリカの大学に受け入れられたと話すと，友達は興奮した。

be [become] excited で「興奮する」。チズコがアメリカの大学にどうしたので友達が興奮したのかを考える。imagine「想像する」，succeed「成功する」，expect「期待する」。　**解答 1**

(5) **A**: その修理屋さんがコピー機を修理するのは本当に早かったね。
B: うん，そうだね。彼は本物のプロの仕事をしてくれたね。

「修理が早い」ということから「本物の(　)な仕事をした」の(　)に適切な語を選ぶ。true「真の」，similar「類似した」，friendly「友好的な」。　**解答 4**

(6) ブライアンは最初のサッカーの練習を欠席したが，残りの練習は出席することができた。

「最初の練習を欠席したが，残りの練習は(　)」という対比から，attend「出席する」が正解。the other 〜 は「残りの〜」という意味。　**解答 3**

(7) **A**: 今夜，テレビで新しいコメディー番組を見ない？
B: いいや，ごめんだね。僕はその手の番組には興味がないんだ。ゆっくりして本を読むよ。

名詞 interest には「興味」という意味があり，have no interest in 〜 で「〜に興味がない」という意味。interest にはほかに「利子」という意味もある。skill「技術」，quality「質」，reason「理由」。　**解答 3**

Answers

(8) シェリとマーラはハワイで1週間過ごす計画を立てたので，旅行に十分な資金を貯めるのにとても努力した。

ハワイ旅行を決めた2人が，お金を貯めるために何をしたかを考える。正解は effort で，make an effort で「努力する」。hope「希望」，matter「問題」，chance「機会」。

解答 2

(9) *A*：ヨウスケ，この漢字がどういう意味なのか教えてくれる？
B：それは「水」という意味だよ。書くのを手伝ってあげるね。

空所の直後に me という間接目的語と what this Chinese character means という直接目的語がきていることに着目。二重目的語をとる動詞は **3** の tell のみである。suggest「提案する」，recommend「推薦する」，hold「つかむ」。

解答 3

(10) 学校は新しい入学基準について公に声明を発表した。その情報はウェブサイトにも掲載された。

release は「(情報など)を公表する」。この動詞の目的語として一番自然なものを選ぶ。center「中央」，score「得点，スコア」，knowledge「知識」。

解答 3

(11) カイルは普段の忙しい生活から逃れるためにたいてい週に1回公園を散歩する。

＜so (that)＋主語＋can ～＞は「～できるように」という意味。忙しい生活「から逃れる」ために散歩をするのである。be tired of ～「～に飽きる」，break down「壊れる」，fall on ～「(日にちなどが)～に当たる」。

解答 2

(12) ジェーンの父親は大学で歴史を勉強しないように彼女に何度も言ったが，最後にはあきらめ，彼女に決めさせた。

let her decide「彼女に決めさせる」ということは父親が娘の説得を「あきらめた」ということである。show up「現れる」，pass by「通り過ぎる」，take off「離陸する」。

解答 1

(13) 昨夜の吹雪は今朝，多くの問題を引き起こした。その悪天候のために少なくとも2つの道路が閉鎖されなければならなかった。

空所の直後に two と数がきていることに注目。at least「少なくとも」は数字の前に置かれることの多い熟語である。with care「注意深く」，on time「定刻に」，in advance「前もって」。

解答 1

(14) セーターは買う前に試着することが常に重要である。それがあなたに似合い，サイズがぴったり合うことを確かめたいものである。

空所直後の a sweater を目的語として自然にとれるものは，**4** の try on ～「～を試着する」である。bring up ～「～を育てる」，ask for ～「～を求める」，find out ～「～を見つけ出す」。

解答 4

解答と解説　Term 2

(15) フレッドは，先生に提出した学期末の論文が優秀だった結果，その授業でAの評価を受けた。

空所直後の of ～に続けて意味が通るものを考える。as a result of ～は「～の結果として」という意味。in spite of ～「～にもかかわらず」，little by little「少しずつ」，on his own「独力で」。　**解答 2**

(16) スーザンは初めて日本語を学び始めたので，どの授業でも日本語の基本を覚えようとした。

基本を覚えようと努力したのは，日本語を学ぶのが「初めて」だったからである。before long「間もなく」，here and there「あちこちに」，all the way「はるばる，ずっと」。　**解答 3**

(17) ジャッキーは先学期に追加の授業を取ったにもかかわらず，忙しいスケジュールにうまく対処することができた。

空所直後が with であることに着目。deal with ～で「～に対処する」という意味。　**解答 1**

(18) その会社にはそのプロジェクトを完了させるのに十分な職員がいなかったので，さらに2人の常勤の職員を採用することに決めた。

enough ～ to do「…するのに十分な～」の構文。enough は形容詞を修飾する場合にはその後ろに，名詞を修飾する場合にはその前に置かれる。　**解答 2**

(19) サムは自分が太ってきたとわかったので，毎日食べるスナック菓子の量を減らすことにした。

decide は目的語に to 不定詞はとるが，動名詞はとれない動詞である。decide to do で「～することを決意する」という意味である。　**解答 2**

(20) 今日はとても暖かかったので，まるで秋ではなくて春のような感じがした。

＜as if [though] ＋ SV＞で「まるで～のように」という意味。as if [though] の後は，仮定法がよく用いられる。　**解答 4**

筆記 2　問題 p.187 ～ 189

(21)
A: フラン，あなたはふつう地下鉄7号線に乗るんじゃないの？
B: うん，そうだよ。それが職場まで行く最速の方法だからね。
A: ほかの方法で来ることはないの？
B: 時々気分転換にバスで来ることもあるよ。

空所後にある Sometimes by bus が答えとなるような疑問文を選ぶ。1 は地下鉄が混んでいるかどうかをきく疑問文，2 は通勤時間の長さをきく疑問文，3 は下車す

205

Answers

る場所をきく疑問文でいずれも不適。　　　　　　　　　　　解答 4

(22) A: 母さん，レポートのリサーチをする一番いい方法は何？　インターネットを利用すること？
B: それは最初にやるべきことね。でも，良いレポートを作るにはもっとやらなければだめよ。
A: どんな？
B: 重要な本を 2，3 冊読むことも必要よ。

全体の話題がレポートを作る一番良い方法であることをつかむ。空所直前の Like what?「どんな？」とは，良いレポートを作るためにさらにしなければならないことの例を尋ねているのである。　　　　　　　　　　　解答 1

(23) A: ジャクソン教授，私は先生の授業で遅れ気味です。
B: 教科書は読んでいますか。
A: ええ，時間のあるときに読んでいます。
B: それが君の問題点ですね。必ずそれをもっと確実にしなさい。そうすれば授業をもっとよく理解できますよ。

教授と学生との会話。空所直後の A の発言中にある I do の do と，その後の B の発言中にある you do that の do that とは何を指すかを考える。いずれも 3 の read(ing) the textbook を指している。　　　　　　　　解答 3

(24) A: 払い戻しをすることはできますか。
B: はい，もしレシートをお持ちでしたら。
A: それは教えてもらって良かったわ。それならレシートをとっておくわね。
B: はい，そうしてください。そして何か問題があったときにはそれをお持ちください。

店員と客との対話。空所直後に「レシートがあれば（大丈夫）」とあることに着目。A は払い戻し (refunds) の方法について尋ねているのである。　　　解答 3

(25)(26)

A: 今週末，ロックのコンサートに行く予定？
B: 絶対に行くわよ。クラスのほとんどの生徒も行くのよ。あなたは行かないの？
A: ええ，両親が遠すぎるって言うのよ。
B: マウンテン市内よ。暗くなる前に帰って来られるわ。
A: わかっているけど，それでも許してくれないの。
B: マウンテン市はとても安全な市よ。何も起きるはずがないわ。もう一度ご両親に頼んでみたら？
A: 何度も頼んだけど，考えを変えてくれないの。
B: そうねえ，もう一度試してみることね。コンサートはすごく楽しいわよ。

(25) Aがコンサートに行けない理由を考える。直後に「暗くなる前に帰って来られる」という発言があることから，正解は **1**。　　　**解答 1**

(26) 直後の「何度も頼んだ」という応答に合う発言は **1**。**2**「いつ出発できると思う？」，**3**「どのくらい時間がかかると思う？」，**4**「余分なチケットは２枚ある？」はいずれも不適。　　　**解答 1**

(27)(28)

A：このテレビを購入したいのだけど，少し高いわね。
B：お客さま，今月，当店の会員になっていただければ，20％割引いたします。
A：それはどうやって申し込むのかしら？
B：３階のカスタマー・サービスの近くでお申し込みいただけます。そちらへお越しください。申し込みは無料です。
A：わかったわ。ありがとう。それをすぐに使いたいのだけど。
B：大丈夫でございます。申込用紙にご記入いただきますとすぐにカードをお渡しいたします。本日のお買い物すべてにご利用いただけます。
A：このテレビも含めて？
B：もちろんでございます，お客さま。

(27) 空所前で store member の割引について触れられており，空所後でその申し込み方法が説明されていることに着目する。正解は **4** で，apply for 〜は「〜に申し込む」という意味。　　　**解答 4**

(28) カードは申し込むとすぐに渡されることが説明された後の空所。正解は **2** で，空所後の「このテレビも含めて？」は空所に入る「本日のお買い物すべて」を受けての発言である。　　　**解答 2**

筆記 3　問題 p.190

(29) エミリーは毎日勉強したわけではなかったが，いつもテストの前夜に一生懸命に勉強することによってそれを補った。

与えられた語句から make up for 〜「〜を補う」を見抜けるかがカギ。it は not studying every day を指す。

▶正しい語順：made **up** for **it** by　　　**解答 2-1**

(30) 繁華街の自動車事故のため，アンディは仕事から車で帰宅するのに予想以上に時間がかかった。

文頭から空所なので，まず主語となる it を選ぶ。＜It took ＋時間＞で「(時間)がかかった」。longer 以下は longer than (it was) expected と補って考えるとわかりやすい。

▶正しい語順：It **took** longer **than** expected　　　**解答 3-5**

Answers

(31) **A**: すみません，このいすにどなたかお座りですか。
B: 誰もいないと思います。どうぞお座りください。

空所の部分は疑問文なので，まず is を選ぶ。選択肢から，動詞は sitting で，現在進行形の文。この動詞に合う主語として someone を選ぶ。残った語で in this chair と続ける。

▶正しい語順：is **someone** sitting **in** this chair　　　　解答 **1-3**

(32) **A**: コーヒーを1杯いかがですか。
B: はい，お願いします。私は毎朝いつもコーヒーを飲みます。

空所直前の I を主語と考え，選択肢から動詞は have と判断する。always は一般動詞の直前にくるので have の前に置く。残った語から，have の目的語は one と考えられる。この one は a cup of coffee を受ける代名詞。

▶正しい語順：always **have** one **every** morning　　　　解答 **1-5**

(33) **A**: どうしたらこの授業でそんなにいい成績が取れるの？　僕にはテストがすごく難しいんだけれど。
B: いつもしっかりノートを取っているの。勉強するときこれはとても役に立つのよ。

文頭から空所なので，まず主語に this を選ぶ。動詞は helps で目的語は me。その後に修飾語句として a lot を続ける。残った when は空所直後の I study と結びつく従属接続詞である。

▶正しい語順：This **helps** me **a lot** when　　　　解答 **5-2**

筆記 4A　問題 p.191

全訳

マラソン少女

　カレンはふだん家の近くの公園で1日に4キロぐらい走る。ある夜，彼女は彼女の町で開かれるレースについてウェブサイトで読んだ。それは10キロ走で，彼女が通常走る距離の2倍以上の距離だった。しかしながら，彼女はランナーとしての自分の力を試したかった。レースまでたった2週間しかなかったので，彼女にはレースの準備をする時間がほとんどなかった。
　彼女は申し込むことに決め，いつもより少し長い距離を走って毎日訓練した。彼女は自分の肺と脚が強くなっていくのを感じた。2週間の練習の後，彼女は10キロを走れると確信した。レース当日，彼女は自分ができると思っていたより速く走った。驚いたことに，25位でレースを終えたのだ。それは優勝には程遠いものだったが，それでも彼女の後ろには437人もいたのだ！　メダルには届かなかったものの，カレンはその結果にとても満足だった。

(34)	1 発明する	2 魅了する
	3 尊敬する	4 試す

レースがいつも走る距離より長いにもかかわらず，カレンが参加を決めた理由を考える。test her ability で「能力を試す」という意味。　　　　　　　　　　解答 4

(35)	1 確信して	2 価値のある
	3 役に立つ	4 目に見える

直前の felt の後にきて，さらに後ろに that 節をとれる形容詞はどれかを考える。feel [be] confident that ～は「～を確信する」という意味。特訓の後，カレンは10キロを完走できると確信したのである。　　　　　　　　　　解答 1

筆記 4B　問題 p.192

全訳

ジョー・ルイス

　これまで偉大なボクサーは多くいたが，ほとんどの専門家はジョー・ルイスが最高だっただろうという意見で一致する。彼が1930年代にボクシングを始めたとき，黒人はたいてい怠け者で暴力的で無礼だと考えられていた。ルイスは，いつも紳士のように振る舞うことにより，これらのイメージを変えたのだ。人々は彼に「紳士ジョー」という呼び名を付けたほどであった。

　ルイスは，1939年，ドイツのボクサーであるマックス・シュメリングとリターンマッチで対戦して有名になった。ルーズベルト大統領はルイスに，アメリカがドイツに打ち勝つために彼の力が必要だと言った。そのため，その試合には非常に大きな国際的関心が集まり，数百万人もの人がラジオでその試合を聞いたのだ。おそらくルイスは，リングに上がり相手に対面したとき白人からとても大きな支持を得た最初のアフリカ系アメリカ人であっただろう。その試合は，ルイスがたった数分でシュメリングをノックアウトしたので，長くは続かなかった。

　しかし，ルイスの人生はまったく穏やかだったわけではない。彼はしばしばお金を使いすぎ，後で政府に高額の税金を支払わねばならないことがわかった。ボクシングはその税金を支払うために彼が稼げる唯一の方法であったので，やめることはできなかった。しかし，ルイスはそれでも一般的には偉大な選手というだけでなく，優しくて寛大な人だと思われていた。デトロイト市は彼のことを忘れることがないように繁華街に彼の銅像を作った。彼の懸命な活動はモハメド・アリからタイガー・ウッズに至る後の世代のアフリカ系アメリカ人のスポーツ選手が信頼される助けになってきたのである。

Answers

(36) 1 合致した　　　　　　　　2 繰り返した
　　　　3 手に入れた　　　　　　4 変えた

直後にある these images とは，その前で説明されている黒人に対する否定的なイメージのことである。ルイスは紳士的に振る舞うことにより，そのイメージをどうしたのかを考える。　　　　　　　　　　　　　　　　　　　解答 4

(37) 1 伝統　　　　　　　　　　2 支持
　　　　3 結果　　　　　　　　　　4 交換

ルイスとドイツ人ボクサーとの試合は，大統領の発言により，国と国の争いと考えられ，国際的関心が非常に高まった。そのため彼はアメリカの白人から何を得たと考えられるか。such huge の後に自然につながる名詞を選ぶ。　　　　解答 2

(38) 1 信頼できる　　　　　　　2 一定の
　　　　3 直接の　　　　　　　　　4 特定の

空所を含む文が，His hard work has helped … athletes … become (　). で，「彼の懸命な活動はスポーツ選手が（　　）になる助けになってきた」という構造の文であることをつかむ。人の性質を表す形容詞を選ぶ。　　　　　　　解答 1

筆記 5A　問題 p.193〜194

全訳

送信者：ジーナ・ブラウン <gina979@fartel.com>
受信者：サチコ・タナカ <sachiko298@japanonline.com>
日付　：2009年4月5日
件名　：私の旅行

サチコへ
　こんにちは，お元気？　先月，私，すてきなものを見たのよ。カンボジアのアンコールワット寺院を見る機会があったの。私の大学の学生のグループで行ったのよ。そこに到着すると，私たちのガイドがその寺院は世界で最もよく知られたものの1つで，多くの旅行者が毎年訪れると説明してくれたの。インターネットや本で写真を見ることはできるけれど，実際に自分で見に行くと，それはもっとずっとすばらしいの。
　アンコールワットを見て考えたの。来年，有名な場所や建物を訪れてみない？　エッフェル塔やピラミッド，万里の長城だって行けるわよ。あるいは，あなたが見てみたい場所があったら，代わりにそこへ行くこともできるわ。そのようなすばらしい場所の1つに訪れることは，私たちのような学生にと

って本当に一生で一度の経験になると思うの。
　費用のことを心配するかもしれないけれど，格安な飛行機で行くのに利用できる手ごろな値段の航空会社もたくさんあるわ。お金を節約するためにユースホステルも利用できるしね。とにかく，私に返信して，このことについてのあなたの意見を聞かせてね。
それでは
ジーナ

(39) 先月，ジーナは
　1 ツアーガイドになる授業を受けた。
　2 観光客を彼女の大学で勉強するように誘った。
　3 有名な史跡に行った。
　4 アンコールワットについての本を読んだ。

Last month という表現を手がかりに本文中の該当するか所を探す。第1段落第2文に Last month とあり，その次の文にアンコールワットへ行ったという説明があるので，正解は **3**。　　　　　　　　　　　　　　　　　　解答 **3**

(40) ジーナはサチコに何をするように頼んでいますか。
　1 有名な場所についてもっと知ること。
　2 彼女と有名な場所を見に行くこと。
　3 来年の学校の予定を修正すること。
　4 自分の旅行の経験について書くこと。

ジーナがサチコに何か依頼や提案をしている部分を探すと，第2段落第2文に「来年，有名な場所や建物を訪れてみない？」とあるので，正解は **2**。本文中の famous が well-known に言い換えられていることにも注目。　　　　　解答 **2**

(41) ジーナはサチコにどのようなアドバイスをしていますか。
　1 安く旅行する方法がある。
　2 航空会社は早期の予約を求めるかもしれない。
　3 学生割引には制限があるかもしれない。
　4 いくつかのホステルは閉鎖されているかもしれない。

第3段落に旅行の費用のことが述べられている。第1文後半に安い航空会社，第2文にユースホステルについての具体的な提案があり，安く旅行する方法が説明されているので，正解は **1**。　　　　　　　　　　　　　　　　　　解答 **1**

Answers

筆記 5B　問題 p.195〜196

全訳

空飛ぶ車

　ほとんどの人はハリウッド映画で空飛ぶ車を見たことがあるだろう。この種の車には飛行機のように離陸し飛ぶことを可能にする特別な翼と強力なエンジンが付いている。空飛ぶ車には，往来が激しく混雑した高速道路は問題ではなくなるだろう。人々は長年空飛ぶ車を作ろうと努力してきた。このような車はもはや単なる夢ではない。

　最初に空飛ぶ車の製作が試みられたのは1928年のことだが，それは飛ばなかった。のちに1956年になって，あるエンジニアがエアロカーを作ったが，それは毎日使用するには大きすぎた。ついに2003年になって，ポール・モラー博士という名の大学教授が空飛ぶ車を作るのに成功した。彼の会社はモラー・インターナショナルといい，最初の空飛ぶ車はM400で，それはまっすぐ上昇することで飛行した。4人の人が鮮やかな赤のM400に乗車でき，それはＳＦ映画に登場するもののように見える。2007年に彼の会社はM200Xという名の別の小型の空飛ぶ車を作った。それは丸くて青く，2人が乗車できる。

　これらの空飛ぶ車は一般的になるであろうか。答えはおそらくすぐには出ないであろう。理由の1つは，空飛ぶ車の高い費用である。50万ドルという価格では，ほとんどの人はそのような車を買うお金を持っていない。多くの人が空飛ぶ車を買わない限り，価格は下がらないだろう。

　たとえ多くの人が空飛ぶ車を買い始めたとしても，ほとんどの人はそれを運転するのが難しいと思うことだろう。1つの解決方法は，テレビゲームで使用されるコントロールレバーと同じような種類のジョイスティックを付け加えることである。ほとんどの人はテレビゲームのやり方を知っているので，このジョイスティックを使って飛行するのは簡単だと感じることだろう。空飛ぶ車をすぐに主要な都市の空で目にするようになることはないだろう。しかし将来，もし空が空飛ぶ車でいっぱいなのを見たとしても驚いてはいけない。

(42)　空飛ぶ車は
　1　混雑した道路でも困ることはないだろう。
　2　ハリウッド映画に登場するだけのものになるだろう。
　3　夜に夢見るものになるだろう。
　4　翼とエンジンの付いた飛行機と同じように見えるだろう。

第1段落第3文の内容から正解は **1**。第1段落のトピックセンテンスは第1文。

この段落ではハリウッド映画で登場したような空飛ぶ車が文章全体のトピックとして導入されている。

解答 1

(43) 2003年に何が起こりましたか。
1 空飛ぶ車のプロジェクトが失敗した。
2 あるエンジニアがM200Xという名の空飛ぶ車を作った。
3 **ある教育者が空飛ぶ車を作った。**
4 エアロカーという名の会社が2人用の空飛ぶ車を作った。

2003という数字を手がかりに本文を読み，第2段落第3文より正解は **3**。第2段落のトピックセンテンスは第1文で，この段落では空飛ぶ車の開発の歴史が述べられている。

解答 3

(44) 空飛ぶ車はなぜまだ一般的ではないのですか。
1 **ほとんどの人にとって購入するには高価すぎるから。**
2 飛行機会社にのみ販売されているから。
3 人々は通常の車を運転する方が好きだから。
4 人々はあまりにもよく飛ぶと酔ってしまうから。

第3段落第3文から正解は **1**。第3段落のトピックセンテンスは第1文。この段落では，空飛ぶ車が一般的にならない原因として，その価格を挙げている。

解答 1

(45) 人々が空飛ぶ車を運転するのを助けるためにどのようなことができ得るのですか。
1 **使いやすいコントロールレバーが車に装着される。**
2 新種の車のテレビゲームが考案される。
3 多くの都市が人々に飛行機の操縦方法を教える。
4 企業がより安い空飛ぶ車を作ろうとする。

第4段落第2文にテレビゲームで使用されるようなジョイスティックの導入についての記述があるので，正解は **1**。第4段落のトピックセンテンスは第1文。空飛ぶ車の操縦方法の改善について説明されている。

解答 1

リスニング 第1部　問題 p.197　　CD 66~76

No. 1
★：Where do you usually go shopping, Marcia?
☆：I use the Internet at home.
★：Why do you use it?
1　I need to buy a computer.
2　I like to go shopping at stores.

Answers

3　I can save time.

> ★：マルシア，ふだんどこで買い物をするの？
> ☆：家でインターネットを使うわ。
> ★：なぜそれを使うんだい？
> 1　コンピューターを買う必要があるからよ。
> 2　店で買い物をするのが好きだからよ。
> 3　時間を節約できるからよ。

話題はどこで買い物をするかについて。その質問にマルシアは「インターネットでする」と答え，その理由をきかれている。会話最後の Why do you use it? の it が the Internet を指すことをおさえる。

解答　3

No. 2

★：Hello, Kimiko. It's John. I'm calling from the office.
☆：Hi, John. Is there something wrong?
★：I can't find the company file for Alpha.
1　Tina has it on her desk.
2　The information is in the file.
3　Thanks, but I don't need it now.

> ★：もしもし，キミコ。ジョンだよ。会社から電話しているんだけど。
> ☆：あら，ジョン。何か問題でもあったの？
> ★：アルファの企業ファイルが見つからないんだ。
> 1　ティナの机の上にあるわよ。
> 2　その情報はファイルの中にあるわ。
> 3　ありがとう。でもそれは今必要ではないわ。

ジョンが会社からキミコに会社の用件でかけた電話。最後の発言からジョンがファイルを探していることを聞き取る。2 は話がかみ合っていないので不適。3 は，ファイルを必要としているのはジョンなので不適。

解答　1

No. 3

☆：Can I help you pick out something?
★：I'm looking for a suit. What do you have on sale?
☆：All of our summer suits are 25 percent off.
1　Please show them to me.
2　The sale is for a week.
3　I'll pay in cash.

> ☆：何かお選びになるお手伝いをいたしましょうか。
> ★：スーツを探しているのですが，セールになっているものには何がありますか。
> ☆：夏のスーツはすべて 25％引きです。
> 1　それらを見せてください。

2 セールは1週間です。
3 現金で支払います。

女性店員と男性客の対話。「夏のスーツがすべて25％引き」と聞いて，男性は「それらを見せてほしい」と頼んだのである。**2**は，男性は客なので不適。**3**は，男性はまだ買う商品を決めたわけではないので不自然である。　　　　　　　　　　　　　　　　　解答 **1**

No. 4

★：Anne, did you hear about our next test?
☆：Yeah, Mr. Blake said it'll be pretty difficult.
★：So what should we do to get good scores?
1 I'm sure he's the teacher.
2 Just study harder than usual.
3 It starts at 8:30 a.m.

> ★：アン，次のテストについて聞いた？
> ☆：ええ，ブレイク先生がかなり難しいっておっしゃっていたわ。
> ★：それなら，良い点を取るためにはどうしたらいいんだろう？
> 1 きっと彼がその先生よ。
> 2 いつもより一生懸命に勉強するだけよ。
> 3 それは午前8時半に始まるわ。

テストについての友人同士の会話。会話の最後の疑問文を聞き取るのがポイント。良い点を取る方法を尋ねているので，その答えとなるものを選ぶ。　　　　　　解答 **2**

No. 5

★：Are you going to the Christmas party, Jane?
☆：Well, I haven't decided yet.
★：I think it'll be fun. You should come.
1 Let me think about it.
2 It's just before Christmas.
3 I know most of the people going.

> ★：ジェーン，クリスマスパーティーに行く予定？
> ☆：そうねえ，まだ決めていないわ。
> ★：楽しいと思うよ。来るべきだよ。
> 1 考えさせてちょうだい。
> 2 ちょうどクリスマスの前よ。
> 3 ほとんどの人が行くってわかっているわ。

前半部分からクリスマスパーティーに行くかどうか相談していることをつかむ。対話最後の You should come. を正確に聞き取り，これに対して適切な応答を選ぶ。解答 **1**

Answers

No. 6

☆：Excuse me, sir. There is no smoking here.
★：I'm sorry. I didn't know that.
☆：There's a smoking area over there.
1 Yes, I can change euros into dollars.
2 The flight's about 3 hours.
3 Thank you. I'll go there.

> ☆：失礼ですが，お客さま。ここではおタバコはご遠慮願います。
> ★：すみません。知りませんでした。
> ☆：あちらに喫煙所がございます。
> 1 はい，ユーロをドルに換えられます。
> 2 飛行時間は約3時間です。
> 3 ありがとう。そちらに行きます。

前半部分から，男性が女性に喫煙を注意されたことをつかむ。女性の2回目の発言を聞き取り，それに対してどう答えるのが自然かを判断する。1と2は対話の流れにまったく関係がない。　　　　　　　　　　　　　　　　　　　　　　　　解　答　**3**

No. 7

☆：Uncle Bob, it's great to see you.
★：You too, Gina. You've gotten tall.
☆：Yes, I have. When was the last time we met?
1 Let's meet again in May.
2 Maybe last Christmas.
3 I spoke to your aunt.

> ☆：ボブおじさん，お会いできてうれしいわ。
> ★：私もだよ，ジーナ。背が高くなったね。
> ☆：ええ，そうよ。最後に会ったのはいつだったかしら？
> 1 5月にまた会おう。
> 2 去年のクリスマスかな。
> 3 おばさんと話したよ。

おじとめいの再会の場面。最後の質問を注意して聞く。疑問詞Whenで時を尋ねているので，2が正解。再会の場面なので1は不適。3は話の流れとまったく関係がない。
　　　　　　　　　　　　　　　　　　　　　　　　解　答　**2**

No. 8

☆：Kogyo Office Furniture. How may I help you?
★：Hi. We ordered three desks, but we haven't gotten them yet.
☆：I'm very sorry about that. When did you order them?

1 They were very expensive.
2 Last Monday.
3 I'll take them back.

☆：コウギョウオフィス家具でございます。ご用を承ります。
★：もしもし。机を3つ注文しましたが，まだ届いていないのです。
☆：大変申し訳ありません。いつご注文なさいましたか？
1 それらはとても高価でした。
2 この前の月曜日です。
3 それらを返品します。

オフィス家具店への問い合わせの電話である。対話の最後の疑問文を注意して聞く。When で時を尋ねる疑問文なので，**2** が正解。　　　　　　　　　　　解答 **2**

No. 9

☆：Are you still living in Philadelphia, Sam?
★：No, I moved to Miami after I retired.
☆：Why did you move there?
1 My company sent me.
2 The weather's better there.
3 It's in Georgia.

☆：サム，まだフィラデルフィアに住んでいるの？
★：いいや，退職後にマイアミに引っ越したよ。
☆：なぜそこに引っ越したの？
1 会社が私を派遣したんだ。
2 そこの方が気候がいいからね。
3 それはジョージアにあるよ。

最後の疑問文 Why did you move there? を聞き取るのがポイント。引っ越した理由として成立するのは **1** と **2** だが，サムは「退職後にマイアミに引っ越した」と言っていることから **1** は不適。　　　　　解答 **2**

No. 10

☆：Excuse me. Does this bus stop at the Park?
★：Yes, it's the third stop.
☆：How long does it take from here?
1 It's only 3 dollars.
2 About 15 minutes.
3 Yes, it's not far.

☆：すみません。このバスは公園で停まりますか？
★：はい，3つ目のバス停です。
☆：ここからどのくらいの時間がかかりますか。

217

Answers

1 たった3ドルです。
2 約15分です。
3 はい，遠くありません。

女性がバスの運転手の男性にバスの行き先について尋ねている場面。会話最後の疑問文を聞き取るのがカギ。How long does it take? は「どのくらい時間がかかりますか」という意味で，時間の長さをきく表現。

解答 2

リスニング 第2部　問題 p.198～199　CD 77~87

No. 11

★：Hello, may I speak to Alicia?　This is Albert calling.
☆：This is Alicia.　What is it, Albert?
★：Kyle, Gerald, Tracey and I are going to the movies.　Would you like to come?
☆：I'd love to, but I have to do homework this afternoon.　Sorry.
Question：Why did Albert call Alicia?

> ★：もしもし，アリシアをお願いできますか。アルバートです。
> ☆：アリシアよ。どうしたの，アルバート？
> ★：カイルとジェラルド，トレイシー，僕で映画に行くんだけど，君も来ない？
> ☆：行きたいけど，今日の午後は宿題をしなければならないのよ。ごめんなさい。
> 質問：アルバートはなぜアリシアに電話をしたのですか。
> 1 映画に誘うため。　　　　　　　2 いつ会いに行けるか尋ねるため。
> 3 彼の友人がどこにいるか調べるため。　4 宿題の助けを得るため。

前半部分は電話での定型表現。アルバートの2回目の発言中の movies と，Would you like to come? が聞き取れれば，アルバートの用件が彼女を映画に誘うことだとわかる。

解答 1

No. 12

☆：Do you have this skirt in a larger size?
★：Is that one a little tight?
☆：Yes, I like the style, but it's a little uncomfortable.
★：OK, please wait here.　I'll look for a bigger one.
Question：What is the woman's problem?

> ☆：このスカートで，もう少し大きなサイズはありますか。
> ★：それは少しきついのですか？
> ☆：ええ，デザインは気に入っているのですが，少しつらいのです。
> ★：承知いたしました。ここでお待ちください。大きなものを探してまいります。
> 質問：その女性の問題は何ですか。

1　1色しかないこと。
2　スカートが小さすぎること。
3　スカートが高すぎること。
4　1つのデザインしかないこと。

洋服店での店員と客との対話で，スカートが話題。a larger size, a little tight「少しきつい」，a little uncomfortable「少し不快［つらい］」，a bigger one から，スカートのサイズが問題になっていることがわかる。

解答　2

No. 13

★：I finally got the job I wanted.
☆：That's great! You wanted that for a long time.
★：That's right. I feel really lucky. Now, I'll be a manager.
☆：Congratulations!

Question：Why is the man happy?

★：ついにやりたかった仕事に就けたよ。
☆：よかったわね。ずっと希望していたものね。
★：その通り。すごく幸運だったと思うよ。もう僕は支配人さ。
☆：おめでとう！
質問：男性はなぜ喜んでいるのですか。

1　昇進したから。
2　友達が今，上司だから。
3　仕事で旅行するから。
4　妻が昇進したから。

対話から男性が喜んでおり，女性がお祝いを述べているという状況をつかむ。男性の発言 the job I wanted や a manager から，希望していた職に就けたことが理由とわかる。

解答　1

No. 14

★：I heard you're going to work in Ireland, Haruko.
☆：Yes, the company is sending me there next month.
★：Do you feel excited?
☆：A little, but I'm also worried about my English.

Question：What is Haruko going to do next month?

★：ハルコ，アイルランドで仕事をする予定だそうだね。
☆：ええ。来月，会社が私をそこに転勤させるのよ。
★：わくわくしている？
☆：少しね。でも自分の英語が心配でもあるわ。
質問：ハルコは来月何をする予定ですか。

1　外国で働く。
2　休暇に出かける。
3　別の会社に入る。
4　英語の授業を受け始める。

前半部分の聞き取りがポイント。男性の発言「アイルランドで働く予定」と，ハルコの発言「会社が私をそこに転勤させる」が手がかりになる。

解答　1

Answers

No. 15

☆：I'd like to buy this computer here. Can you set it up at my home?
★：Yes, but it will be an extra 50 dollars.
☆：That's fine. I don't know how to do it myself.
★：No problem, ma'am. We'll send someone to your house.
Question：What does the man say he will do?

> ☆：ここにあるこのコンピューターをいただくわ。私の家でセットアップしてくださる？
> ★：いたしますが，追加料金が50ドルかかります。
> ☆：結構よ。自分ではそのやり方がわからないもの。
> ★：お任せください，お客さま。お宅に人を派遣いたしましょう。
> 質問：男性は何をするつもりだと言っていますか。
> 1 女性にコンピューターを買う。　　2 女性に戻って来るように頼む。
> 3 価格から50ドル割り引く。　　　 4 女性を手助けするために店員を派遣する。

コンピューターを購入しようとしている女性客と店員との対話。女性が最初の発言でコンピューターのセットアップを依頼していて，男性が2回目の発言で send someone to your house と言っていることを聞き取る。　　**解答 4**

No. 16

★：Our class paper is due on Monday. Have you done yours, Karen?
☆：No, I haven't even started yet, Tim.
★：You've only got two days. Are you going to start tonight?
☆：I'll have to. No TV for me this weekend.
Question：What will Karen do this weekend?

> ★：授業のレポートは月曜日に締め切りだよね。カレン，もうやった？
> ☆：いいえ，まだ取りかかってもいないわよ，ティム。
> ★：あと2日しかないよ。今夜から始める予定なの？
> ☆：そうするしかないわね。今週末はテレビはなしよ。
> 質問：カレンは今週末に何をするつもりですか。
> 1 授業を選ぶ。　　　　　　　　　 2 課題をする。
> 3 テレビを見る。　　　　　　　　 4 友達の家に行く。

対話冒頭を正確に聞き，理解することがカギ。Our class paper「(授業で出された)課題のレポート」, is due on Monday「～は月曜日に締め切り」, I haven't even started yet「まだ取りかかってもいない」を聞き取る。　　**解答 2**

No. 17

☆：Hello, Izumi Electronics. How may I help you?
★：I'd like a catalog of your items. Could you mail me one?
☆：Yes, but please check our website, too. We have all our products on it.
★：Thanks, I'll check that out.

220

Question: Why is the man calling Izumi Electronics?

☆：もしもし，イズミ電機です。ご用を承ります。
★：そちらの会社の商品カタログが欲しいのですが，1冊送っていただけますか。
☆：承知いたしましたが，私どものウェブサイトもご覧ください。すべての商品がそこに出ています。
★：ありがとう。調べてみます。
質問：男性はなぜイズミ電機に電話をかけているのですか。
1　製品情報を得るため。　　　　　2　店の住所を知るため。
3　ウェブサイトを売り込むため。　4　返金を要求するため。

電機メーカーの社員と客との電話での会話である。電話の用件を聞き取るつもりで聞いていこう。catalog, website, our products から製品の情報を得るのが用件だとわかる。

解答　1

No. 18

☆：Charlie, don't forget Tuesday is Mom and Dad's wedding anniversary.
★：Right, but what should we get them, Nancy?
☆：Let's get Mom a pair of earrings and Dad a nice sweater.
★：Great idea. It's hard to believe they've been together 25 years!
Question: What is happening on Tuesday?

☆：チャーリー，火曜日はお母さんとお父さんの結婚記念日だっていうことを忘れないでね。
★：そうだね。でも，ナンシー，何をプレゼントしたらいいんだろう？
☆：お母さんにはイヤリング，お父さんにはすてきなセーターにしましょうよ。
★：いいね。2人が25年間一緒にいるなんて信じられないね！
質問：火曜日に何があるのですか。
1　ナンシーが結婚式に行く。　　　2　彼らの両親が特別な日を楽しむ。
3　洋服のセールが始まる。　　　　4　チャーリーが25歳になる。

対話冒頭に出てくる wedding anniversary「結婚記念日」を聞き取るのがポイント。また，対話最後の「2人が25年間一緒にいる」からも推測することができる。

解答　2

No. 19

☆：Hey, Harold. Are you going to work in Chicago from next month?
★：Yeah. I will be making more money, so I'm going to take it.
☆：How often will you come back to Minneapolis?
★：About once a month. It's only an hour by car.
Question: What will Harold do next month?

☆：ねえ，ハロルド。あなたは来月からシカゴで仕事をするの？
★：うん。もっと稼げるから，その仕事に就く予定なんだ。
☆：ミネアポリスにはどのくらいの頻度で戻ってくるつもり？
★：月に1回くらいかな。車でたった1時間だからね。

質問：ハロルドは来月何をするつもりですか。
1 新車を買う。　　　　　　　　　2 友達と休暇に出かける。
3 ミネアポリスまで車で行く。　　4 仕事でシカゴに引っ越す。

最初の女性の発言を注意して聞き取るのがポイント。ハロルドは仕事でシカゴに行くのである。女性の2回目の発言から，ミネアポリスは今いる場所だと想像できる。

解答 4

No. 20

★：Excuse me. Could you tell me the way to Western Park?
☆：Just turn around, and you'll be able to see it ahead of you.
★：Is it far away?
☆：No, just about a ten-minute walk. It's beside the city library.
Question：What is the man's problem?

★：すみません。ウェスタン公園への道を教えていただけますか。
☆：Uターンをして進むだけで前に見えてきますよ。
★：遠いですか？
☆：いいえ，歩いて10分ほどです。市立図書館のそばです。
質問：男性の問題は何ですか。
1 公園が遠いこと。　　　　　　　2 公園が見つからないこと。
3 車がないこと。　　　　　　　　4 図書館が閉まっていること。

冒頭の男性の発言から，男性が公園への道を尋ねていることをつかむのがポイント。1 は，女性の2回目の発言から公園は遠くないとわかるので不適。3，4 については，そのような内容は述べられていない。

解答 2

リスニング 第3部　問題 p.200〜201　　CD 88〜98

No. 21

Lisa enjoys visiting bookstores. She likes looking at history books and other kinds of books. She can sometimes get information about new books from the store staff, and she enjoys the bookstores' quiet environment and wide choice. When she buys a book, she enjoys taking it to a nearby café to read.
Question：What does Lisa like to do?

リサは書店に行って楽しむ。彼女は歴史の本やそのほかの種類の本を見るのが好きである。時々店員から新刊本についての情報が得られるし，書店の静かな雰囲気と幅広い品揃えを楽しんでいる。本を買うと，読むためにそれを近くのカフェに持っていって楽しむ。
質問：リサは何をするのが好きですか。
1 書店で友達に会うこと。　　　　2 歴史について店員と話すこと。
3 環境を守ることについて学ぶこと。 4 本を読むためにカフェに行くこと。

222

英文ではリサの好きなことがいくつか説明されているので，注意しながら聞いていく。**1** と **3** については英文で述べられていない。**2** については，店員と話すのは新刊本についてなので不適。

解答 4

No. 22

Mr. and Mrs. Taylor have been to Europe, the United States, and Australia. Last summer, they wanted to go someplace more exciting. So, they spent three weeks in Peru. They were amazed to look at the high mountains and beautiful lakes. On their next vacation, they plan to travel to a similar place.

Question : What did Mr. and Mrs. Taylor do last summer?

> テイラー夫妻はこれまでヨーロッパとアメリカ，オーストラリアに行ったことがある。この前の夏，もっとわくわくするような場所に行きたいと思った。それで彼らは3週間ペルーで過ごした。彼らは高い山と美しい湖を見て驚いた。次の休暇には，同じような場所に旅行をするつもりである。
>
> 質問：テイラー夫妻はこの前の夏，何をしましたか。
> 1 オーストラリア中を旅行した。　　2 美しい景色の場所を訪れた。
> 3 ヨーロッパの山に登った。　　　　4 大きな湖で泳いだ。

テイラー夫妻の旅行についての話。これまでのことと，この前の夏のこと，今後のことを区別して聞いていく。質問はこの前の夏のこと。第4文に「高い山と美しい湖を見て驚いた」とあることから判断する。

解答 2

No. 23

Attention, students. Registration is now open. Please have your student ID ready and a list of the courses you would like to take. Show them to the clerk when you reach the registration window. We wish you success in the coming school year here at Triton University.

Question : Why is this announcement being made?

> 学生の皆さんにお知らせします。履修科目の登録が今，始まっています。学生証を用意して受講を希望する講義のリストをお持ちください。登録窓口に着いたらそれを事務職員にお見せください。今年度，ここトライトン大学でのご成功をお祈りしております。
>
> 質問：このお知らせはなぜなされているのですか。
> 1 新しい講義を説明するため。
> 2 新しい大学職員を見つけるため。
> 3 学生に履修科目の登録について説明するため。
> 4 学生に身分証明書の取得方法について伝えるため。

registration（大学などで授業が始まる前に行う履修科目の登録）の説明がアナウンスの用件。a list of the courses you would like to take からも推測できる。

解答 3

Answers

No. 24

Allen wanted to play on his school basketball team, but he thought he was too short. However, the coach encouraged him to play because he knew Allen could run fast and jump high. Allen believed what his coach told him. He found out that he could play well with the taller players!
Question: Why was Allen afraid of joining the basketball team?

> アレンは学校のバスケットボールチームでプレイしたかったが，自分は身長が低すぎると思っていた。しかしながら，コーチは，アレンが速く走れて高くジャンプできることを知っていたので，彼にバスケットボールをやるように勧めた。アレンはコーチが彼に言ったことを信じた。彼は自分より背が高い選手たちとうまくプレイできることがわかったのだ！
> 質問：アレンはなぜバスケットボールチームに加わるのを恐れたのですか。
> 1 コーチがそうしないように言ったから。
> 2 チームには十分な数のメンバーがいたから。
> 3 ほかの選手が自分より身長が高かったから。
> 4 試合がきつすぎたから。

英文冒頭の he thought he was too short を聞き取るのがポイント。英文の最後に出てくる the taller players の taller からも身長が問題であることが推測できる。　　**解答** 3

No. 25

Korea is famous for its home-heating system called the ondol. It consists of pipes under a house or apartment. These pipes keep the home warm, and they save energy. They also keep the floors quite hot. The ondol is a great way to keep Korean people's feet dry and warm at home, even during very cold winters.
Question: What do Korean people use the ondol for?

> 韓国はオンドルと呼ばれる家庭用暖房システムで有名である。それは家やアパートの床下のパイプからできている。これらのパイプが家を暖め，エネルギーを節約する。それはまた床をとても温かくしておいてくれる。オンドルは，とても寒い冬の間でも家庭で韓国の人々の足を乾燥させ，温かくしておくすばらしい方法なのである。
> 質問：韓国の人々は何のためにオンドルを使うのですか。
> 1 食べ物を温めるため。　　　　2 壊れたパイプを修理するため。
> 3 エネルギーを測定するため。　4 体を温かくしておくため。

話題は韓国のオンドル。それがどんなもので，どんな目的があるのかをつかむことを目標に聞いていく。its home-heating system, keep the home warm, keep the floors quite hot, keep Korean people's feet dry and warm などが，オンドルが暖房であることを知る手がかりになる。　　**解答** 4

No. 26

Jessica is very good with numbers. She always gets top grades on all of her math tests. Nowadays, she is thinking about what kind of job she wants to do. She is thinking of becoming an accountant, a math teacher, or a scientist. All these jobs use numbers. She is learning more about these kinds of jobs so that she can make her choice one day.

Question : What does Jessica plan to do in the future?

> ジェシカは数字にとても強い。すべての数学のテストでトップの成績をいつも取る。このごろ，彼女はどんな仕事がしたいか考えている。会計士や数学の先生，あるいは科学者になることを考えている。これらの仕事はすべて数字を扱うからだ。彼女は，いつの日か選択ができるように，このような種類の仕事についてさらに学んでいる。
> 質問：ジェシカは将来何をするつもりですか。
> 1　先生と数学を勉強する。　　　　　2　現在の仕事を変える。
> 3　**仕事で数字を使って働く。**　　　4　テストを再受験する。

「ジェシカは数字に強い」→「将来の職業について考えている」→「数字に関する仕事」という流れをおさえながら英文を聞いていこう。2 は，ジェシカはまだ学生だと思われるので不適。　　　　　　　　　　　　　　　　　　　　　　　　　　　**解答　3**

No. 27

Emiko takes the subway to the office each morning. Last month, she began riding it at different times. She left one hour earlier each morning and came home one hour later. The subway was not crowded at those times, so she could sit down. This change made her life more comfortable.

Question : What changed Emiko's life?

> エミコは毎朝地下鉄に乗って会社に通勤している。先月，彼女は別の時間に地下鉄に乗り始めた。毎朝1時間早く家を出て，1時間遅く帰宅したのである。これらの時間には地下鉄は混んでいなかったので，座ることができた。この変更のために生活がより快適になった。
> 質問：何がエミコの生活を変えたのですか。
> 1　新しい地下鉄に乗ること。　　　2　決まった時間に仕事を終えること。
> 3　夜早く寝ること。　　　　　　　4　**違う時間に電車に乗ること。**

地下鉄に乗って通勤していたエミコが先月始めたことは何かを聞き取る。riding it at different times が正解の根拠となるが，第3文，第4文の内容からも乗る電車を変えたことが推測できる。　　　　　　　　　　　　　　　　　　　　　　　　**解答　4**

No. 28

Denton Department Store is having a great sale now. Go to our children's section on the fourth floor. There you will find clothing, toys, and many other products at over 50 percent off their normal prices. This is for one day only, though, so if

225

Answers

you hurry, you can save money on these specials.
Question : What is happening today at Denton Department Store?

> デントンデパートではただ今，大セールを行っております。4階の子どもコーナーへお越しください。そこでは，洋服，おもちゃなど多くの商品が通常の50％以上の割引価格です。しかし，これは本日限りの催しですので，お急ぎいただければ，お得ですよ。
> 質問：今日，デントンデパートでは何をやっていますか。
> 1 子どものおもちゃが作られている。
> 2 新しいコーナーが開設している。
> 3 子どもコーナーでセールをやっている。
> 4 4階が閉鎖している。

デパートでのお知らせの放送。a great sale, at over 50 percent off their normal prices, you can save money から，セール中であることがわかる。　**解答 3**

No. 29

Patrick dreamed of owning his own business. He saved his money for several years. Finally, he was able to open his own grocery store. He sold fresh food that his customers really liked. In a short time, his store was the most popular in the neighborhood. He felt very pleased.
Question : Why was Patrick happy?

> パトリックは自分自身の店を持つのが夢であった。数年間資金を貯めて，ついに自分自身の食料雑貨店を開店することができた。彼は客が本当に好む新鮮な食料を売った。まもなく彼の店は近所で一番の人気店となった。彼はとてもうれしかった。
> 質問：パトリックはなぜうれしかったのですか。
> 1 新しい地域に引っ越したから。　　2 多くのお金を浪費したから。
> 3 たくさんの缶詰を買ったから。　　4 自分の店を開店したから。

冒頭の Patrick dreamed of owning his own business. と第3文にある he was able to open his own grocery store から判断できる。また，第5文にある his store was … からも自分の店を持ったことがわかる。　**解答 4**

No. 30

It is not really true that cats can see in the dark. Cats have eyes that can let in more light. They also have eyes that reflect light better. This is why cats see much better than humans during moonless nights.
Question : What is one reason cats see better than humans?

> ネコが暗闇で目が見えるというのは，実際は本当ではない。ネコはより多くの光を取り入れる目を持っているのである。また，光をよりよく反射する目も持っている。こういうわけで，ネコは月のない夜でも人間よりよく見えるのである。

質問：ネコが人間よりよく目が見える理由の1つは何ですか。
1 目がより大きいから。
2 体がより軽いから。
3 **目がより多くの光を受け取るから。**
4 体が暗闇に慣れているから。

第1文から「ネコの目」について検証する内容であることをつかむ。その理由として let in more light とある。正解の 3 では receive more light と言い換えられていることに注意。

解答 3

二次試験・面接の流れ

一次試験に合格すると，二次試験に面接があります。以下の流れをしっかり頭に入れて，準備しておきましょう！

❶ 入室とあいさつ

係員の指示に従い，面接室に入ります。あいさつをしてから，面接委員に面接カード（試験前に受験番号や名前などを記入するカード）を手渡し，指示に従って，着席しましょう。

☆…受験者　★…面接委員
☆: Hello.
★: Hello.
☆: Here you are.（面接カードを手渡す）
★: Please sit down.
☆: Thank you.（着席）

❷ 名前と受験級の確認

面接委員があなたの氏名と受験する級の確認をします。その後，簡単なあいさつをしてから試験開始です。

★: May I have your name, please?
☆: My name is Obun Hanako.
★: This is the Grade Pre-2 test. OK?
☆: OK.
★: How are you today?
☆: I'm fine, thank you.

❸ 問題カードの黙読

英文とイラストが印刷された問題カードを手渡されます。まず，英文を20秒で黙読するよう指示されます。英文の分量は50語程度です。

★: Now, let's begin the test. Here's your card.
☆: Thank you.
★: First, please read the passage silently for 20 seconds.
☆: All right.（黙読開始）

❹ 問題カードの音読

問題カードの音読をするように指示されるので，英語のタイトルから声に出して読みましょう。時間制限はないので，意味のまとまりごとにポーズをとり，焦らずにゆっくりと読みましょう。

★：Now, please read the passage aloud.
☆：OK.（タイトルから音読開始）

❺ 5つの質問

音読の後，面接委員の5つの質問に答えます。No. 1～3は問題カードの英文とイラストについての質問です。No. 4・5は受験者自身の意見を問う質問です。No. 3の質問の後，カードを裏返すように指示されるので，No. 4・5は面接委員を見ながら話しましょう。

★：Now, I'm going to ask you 5 questions.
☆：Yes.

❻ カード返却と退室

試験が終了したら，問題カードを面接委員に返却し，あいさつをして退室しましょう。

★：Well, that's all. Could I have the card back, please?
☆：Here you are.
★：Thank you. You may leave now.
☆：Thank you. Good bye.
★：Good bye.

二次試験対策におすすめ！
➡『DAILY7日間　英検準2級二次試験対策予想問題』
　定価1,428円（CD1枚付）

第10日 レビューテスト 解答用紙

[注意事項]
① 解答にはHBの黒鉛筆（シャープペンシルも可）を使用し、解答を訂正する場合には消しゴムで完全に消してください。
② 解答用紙は絶対に汚したり折り曲げたり、所定以外のところへの記入はしないでください。
③ マーク例

良い例	悪い例
●	◐ ✗ ◕

これ以下の濃さのマークは読めません。

解答欄

問題番号		1	2	3	4
1	(1)	①	②	③	④
	(2)	①	②	③	④
	(3)	①	②	③	④
	(4)	①	②	③	④
	(5)	①	②	③	④
	(6)	①	②	③	④
	(7)	①	②	③	④
	(8)	①	②	③	④
	(9)	①	②	③	④
	(10)	①	②	③	④
	(11)	①	②	③	④
	(12)	①	②	③	④
	(13)	①	②	③	④
	(14)	①	②	③	④
	(15)	①	②	③	④
2	(16)	①	②	③	④
	(17)	①	②	③	④
	(18)	①	②	③	④
	(19)	①	②	③	④

解答欄

問題番号			1	2	3	4	5
3	(20)	2番目	①	②	③	④	⑤
		4番目	①	②	③	④	⑤
	(21)	2番目	①	②	③	④	⑤
		4番目	①	②	③	④	⑤
	(22)	2番目	①	②	③	④	⑤
		4番目	①	②	③	④	⑤

解答欄

問題番号		1	2	3	4
4	(23)	①	②	③	④
	(24)	①	②	③	④
	(25)	①	②	③	④
5 A	(26)	①	②	③	④
	(27)	①	②	③	④
	(28)	①	②	③	④
5 B	(29)	①	②	③	④
	(30)	①	②	③	④
	(31)	①	②	③	④
	(32)	①	②	③	④

リスニング解答欄

問題番号		1	2	3	4
第1部	No.1	①	②	③	
	No.2	①	②	③	
	No.3	①	②	③	
	No.4	①	②	③	
	No.5	①	②	③	
第2部	No.6	①	②	③	④
	No.7	①	②	③	④
	No.8	①	②	③	④
	No.9	①	②	③	④
	No.10	①	②	③	④
第3部	No.11	①	②	③	④
	No.12	①	②	③	④
	No.13	①	②	③	④
	No.14	①	②	③	④
	No.15	①	②	③	④

第20日 実力完成模擬テスト 解答用紙

[注意事項]
① 解答にはHBの黒鉛筆（シャープペンシルも可）を使用し、解答を訂正する場合には消しゴムで完全に消してください。
② 解答用紙は絶対に汚したり折り曲げたり、所定以外のところへの記入はしないでください。

③ マーク例

良い例	悪い例
●	○ ✗ ◉

これ以下の濃さのマークは読めません。

解答欄

問題番号	1	2	3	4
1 (1)	①	②	③	④
(2)	①	②	③	④
(3)	①	②	③	④
(4)	①	②	③	④
(5)	①	②	③	④
(6)	①	②	③	④
(7)	①	②	③	④
(8)	①	②	③	④
(9)	①	②	③	④
(10)	①	②	③	④
(11)	①	②	③	④
(12)	①	②	③	④
(13)	①	②	③	④
(14)	①	②	③	④
(15)	①	②	③	④
(16)	①	②	③	④
(17)	①	②	③	④
(18)	①	②	③	④
(19)	①	②	③	④
(20)	①	②	③	④
2 (21)	①	②	③	④
(22)	①	②	③	④
(23)	①	②	③	④
(24)	①	②	③	④
(25)	①	②	③	④
(26)	①	②	③	④
(27)	①	②	③	④
(28)	①	②	③	④

解答欄

問題番号		1	2	3	4	5
3 (29)	2番目	①	②	③	④	⑤
	4番目	①	②	③	④	⑤
(30)	2番目	①	②	③	④	⑤
	4番目	①	②	③	④	⑤
(31)	2番目	①	②	③	④	⑤
	4番目	①	②	③	④	⑤
(32)	2番目	①	②	③	④	⑤
	4番目	①	②	③	④	⑤
(33)	2番目	①	②	③	④	⑤
	4番目	①	②	③	④	⑤

解答欄

問題番号		1	2	3	4
4 A	(34)	①	②	③	④
	(35)	①	②	③	④
	(36)	①	②	③	④
B	(37)	①	②	③	④
	(38)	①	②	③	④
5 A	(39)	①	②	③	④
	(40)	①	②	③	④
	(41)	①	②	③	④
	(42)	①	②	③	④
B	(43)	①	②	③	④
	(44)	①	②	③	④
	(45)	①	②	③	④

リスニング解答欄

問題番号	1	2	3	4
第1部 No.1	①	②	③	
No.2	①	②	③	
No.3	①	②	③	
No.4	①	②	③	
No.5	①	②	③	
No.6	①	②	③	
No.7	①	②	③	
No.8	①	②	③	
No.9	①	②	③	
No.10	①	②	③	
第2部 No.11	①	②	③	④
No.12	①	②	③	④
No.13	①	②	③	④
No.14	①	②	③	④
No.15	①	②	③	④
No.16	①	②	③	④
No.17	①	②	③	④
No.18	①	②	③	④
No.19	①	②	③	④
No.20	①	②	③	④
第3部 No.21	①	②	③	④
No.22	①	②	③	④
No.23	①	②	③	④
No.24	①	②	③	④
No.25	①	②	③	④
No.26	①	②	③	④
No.27	①	②	③	④
No.28	①	②	③	④
No.29	①	②	③	④
No.30	①	②	③	④

[英検準2級 DAILY20日間 集中ゼミ 改訂新版]